Was geht mich Braunschweig noch an? Null.
Aber ich bin da geboren, das werde ich nicht mehr los, ich schlafe ein,
wenn ich das Wort nur höre.
Braunschweichrchrchrrr...   Axel Hacke

Als Zeichen von Einsicht und Guthmütigkeit müsste es aufzufassen
sein, daß in Braunschweig verhältnismäßig früh der letzte Hexenpro-
zeß stattfand, nämlich im Jahre 1663.   Ricarda Huch

Braunschweiger: >Braunschweig, du Kleinod an der Oker!<
Auswärtiger: >Ach, wo?<
Braunschweiger: >Braunschweig, du Kleinstadt bei Hannover!<
Auswärtiger: >Ach so!<   Frank Niemann

Inhaltsverzeichnis

Hallo, lieber Naturfreund,

unauslöschlich in unser aller Hirnwindungen eingespeichert sind die Namen jener großen Helden, die unter Einsatz ihres Lebens (lieber aber dem von anderen) der Natur einige ihrer Geheimnisse entrissen haben: Alexander von Humboldt, Bernhard Grzimek und Gerolf Steiner. In diese Liste muss nunmehr auch Axel Klingenberg aufgenommen werden.

Mit dem hier vorliegenden Buch nimmt er uns mit auf eine Reise in ein mythisches und unerforschtes Gebiet und tilgt einen weiteren weißen Fleck auf der Landkarte. Das Land mit den fruchtbaren Böden, welches im Süden durch Asse, Elm und Harz und im Norden durch die Lüneburger Heide und den Mittellandkanal von der Zivilisation abgeschnitten ist, beheimatet eine bemerkenswerte und in der Fauna Niedersachsens einzigartige Spezies: den Ostfalen.

Axel Klingenberg lebte mehrere Jahre mit den Eingeborenen in ihrer größten Kolonie zusammen, dem sogenannten »Braunschweig«, studierte deren Riten und Gebräuche und schuf so ein faszinierendes Portrait dieser zurecht vergessenen Kultur.

Eindringlich schildert der Autor seine Erlebnisse und lässt uns durch seine aufdringliche Bildersprache teilhaben an der gesamten Bandbreite seiner Sinneseindrücke, z.B. an seinem körperlichen Unbehagen, wenn er die einheimische Küche untersucht. Sie besteht im wesentlichen aus einem Tierprodukt namens Brägenwurst, die im eigenen Darm in einer grünen Substanz unbekannter Zusammensetzung gegart wird. Der Wahrheitsfindung zuliebe hat er kein Risiko gescheut und sogar die Kultstätte aufgesucht, die dem gemeinen Ostfalen zur Reproduktion und Arterhaltung dient: »Tango 2000 Tanzpalast«. Nicht minder gefährlich war die »teilnehmende Beobachtung« (wie wir Sozialwissenschaftler scherzhaft sagen) an einer eigentümlichen Zeremonie, die »Baaa Aaaaantracht« genannt wird. Der Wert seiner Aufzeichnungen ist kaum zu überschätzen! Endlich kennen wir den mehr oder weniger vollständigen Text der Schlachtgesänge dieses Urvolks: »Zwischen Harz und Heideland ...«.

Der Semi-Ornithologe Klingenberg musste sich dabei allerlei Tricks einfallen lassen, um von den ostfälischen Untersuchungsobjekten in ihrer Nähe geduldet zu werden. Bei einem Ritus zur Besänftigung der Geisterwelt schreckte er selbst vor dem Tragen einer künstlichen roten Nase nicht zurück und versetzte sich durch das Chanten der Mantras »Brunswiek Helau« und »Ich hab `ne Zwiebel auf dem Kopf, ich bin ein Döner« in einen tranceähnlichen Zustand.

Auch die Begutachtung des archaischen Sklavenmarktes namens »Schlossarkaden«, der dem Braunschweiger die karge Lebensgrundlage sichert, dürfte in ihrer Tollkühnheit einzigartig sein. Und was wäre die Kulturwissenschaft ohne die Beschreibung der Höhle, die dem Ostfalen als Lagerhalle für seine gealterten Verwandten dient, die zum Ertrag des Clans nichts mehr beitragen können: das »Wolters Bierstübchen«?

Schon jetzt darf man gespannt sein auf Klingenbergs neue Forschungsarbeit. Für diese hat er eine künstliche Siedlung errichten lassen, um zu beobachten, ob sich der Ostfale unter Laborbedingungen genauso verhält wie in freier Wildbahn. Der Name des Projektes: »Wolfsburg«.

Zum Schluss noch eine Warnung: Wenn Sie unter einem schwachen Herzen oder unter schönen Fingernägeln leiden, konsultieren Sie vor der Lektüre auf jeden Fall einen Arzt oder Apotheker. Es könnte ihr Leben retten.

Den Wagemutigen aber wünsche ich ein unterhaltsames Abenteuer.

Daniel Terek

Genöle über Bumsdorf

(S)ie langweilte sich ein klein wenig bei ihrer Milch- und Molkenkur zu Bumsdorf und hatte jetzt zum erstenmal daselbst etwas erlebt, was des Berichtens wert war.   Wilhelm Raabe

Na, da habe ich mich ja auf etwas eingelassen! Es gilt ein Buch zu schreiben über meine Heimatstadt – dabei kann ich doch nur verlieren. Spreche ich zuviel Lob aus, wird man mich des Anbiederns bezichtigen. Bringe ich zuviel Kritik an, so werde ich künftig als Nestbeschmutzer verschrien sein. Die Folge in beiden Fällen: Man wird die Straßenseite wechseln, wenn ich den Bürgersteig entlang schlendere, man wird mir »Hier ist besetzt!« entgegenrufen, gedenke ich, mich im Café Riptide an meinen üblichen Platz zu hocken, und eines Tages wird man mich finden, mit einem Stein am Bein am Grund des westlichen Okerumflutgrabens.

Doch, so sage ich unumwunden und unerschütterlich, lasse ich mir das wahrhaftige Schreiben nicht verbieten. Was gesagt werden muss, muss gesagt werden. Eine Zensur findet in diesem Buch nicht statt.

Und befinde ich mich damit nicht in bester Tradition und Gesellschaft? Haben nicht schon immer die hier hausenden Autoren ihre Meinung kundgetan über unsere Perle an der Oker, über unseren Staubfänger zwischen Harz und Heide? Ehrlich gesagt weiß ich es nicht, habe keine Ahnung, ob hier überhaupt jemals berühmte Schriftsteller gewohnt und geschrieben haben. Schnell mal recherchiert und tatsächlich ist hier mal der Dichter und Abdecker Gottfried Benn zu Besuch gewesen: »Nette alte Stadt«, schreibt er und das sind auch schon die einzigen freundlichen Worte über Braunschweig, die von ihm überliefert sind, denn dann fährt er folgendermaßen fort in seinem Bericht:

> »Wilhelm Raabe (mir äußerst unsympathisch), Wilhelm Busch (auch nicht mein Schwarm), Ina Seidel sind die 3 literarischen Größen Braunschweigs. Ferner hat Eulenspiegel hier gelebt u. war Bäckergeselle. Er hat einen Brunnen da, ein Clown und Eu-

len u. Affen hören ihm zu. Sonst habe ich nichts gesehen. Alle diese in Norddeutschland gelegenen mittleren Städte sind mir widerlich, unangenehm. Mittelalterlicher Dreck überfallen von modernen >Anlagen<[1], krankhaft, unanständig, zwitterig.«

Nun, das wird ja wohl eine Einzelmeinung sein, die ich da lesen muss, denn auch andere bedeutende Persönlichkeiten haben Braunschweig besucht und sich sicherlich nicht nur ein paar Gebäude und einen Wasserspeicher angeguckt, sondern sich stattdessen den hier lebenden Menschen genähert, denn diese sind es doch, die eine Stadt liebenswert machen:

> »So gut die Frauen aussehen, so unrettbar hässlich sind die Männer. Barbarisch verzogene und meist gemeine Gesichtszüge.«

Klingt nicht viel besser, ist aber doch schon etwas ausgewogener, denn immerhin beleidigt der Französling und Erbfeind Stendhal nur ungefähr die Hälfte unserer Bevölkerung.

Trotzdem bleibt ein schaler Beigeschmack, so richtig positiv ist das ja alles noch nicht. Aber das liegt wohl daran, dass diese beiden Eckensteher hier nur durchgereist, wenn nicht sogar durchgerast sind, andere Schriftsteller haben hier länger gelebt und wissen Braunschweig deswegen sicher auch zu schätzen. Der schon erwähnte Wilhelm Raabe (der mit dem Haus und dem Literaturpreis) äußerte sich z.B. dahingehend, dass er »in Stuttgart in wenigen Wochen mehr Schriftsteller kennengelernt« habe »als in Braunschweig in der ganzen Zeit (s)eines Aufenthalts«. Und das waren immerhin ein paar Jahrzehntchen...

Okay, okay, das war ja auch noch nicht so toll, aber jetzt kommt's: »Ist recht schön,« – na bitte, geht doch, Herr Raabe – »aber nur für jemand, dem es nicht darauf ankommt, so mal für eine unbestimmte Zeit von Jahren vollständig aus der Welt herauszufallen.«

Stopp, stopp, stopp!

Ist denn dieses Genöle wirklich nötig? Hat denn »unser lieber Wilhelm Raabe« Braunschweig nicht 80 Prozent[2] seines Ruhmes zu

---

1 Gemeint sind die Parkanlagen auf dem Wall.
2 50 Prozent sind zu wenig, 100 Prozent viel zu viel, 80 Prozent wirken glaubwürdig, sind aber trotzdem eine erdrückende Mehrheit. »80 Prozent« heißt auch eine pädagogisch wertvolle Musiksendung auf Radio Okerwelle.

verdanken? Und wie hat er dies goutiert? Indem er seine Heimat-
stadt in seinem Roman »Abu Telfan« als »Bumsdorf« diffamiert!
Wilhelm Raabe ist ein schlechter Mensch gewesen, lest nicht seine
Bücher!

Über Braunschweig hatte er nur dann Gutes zu sagen, wenn er
Auswärtige (vor allem Damen!) hierher locken wollte:

> »Es ist sehr unrecht von Ihnen, daß Sie nicht zu uns gekommen
> sind. Wie schön Braunschweig ist, hoffe ich Ihnen demnächst
> zu beweisen, wenn ich Ihnen den Frühling[3] und den Dräumling[4]
> schicke. Wie liebenswürdig seine Bewohner sind, kann ich Ih-
> nen leider nicht durch den Inhalt eines Postpaketes beweisen.«

Oder auch:

> »Komm Du nach Braunschweig. Da ist und bleibt es schön!
> Einem Gerücht zufolge wächst eben dem alten Löwen im Stadt-
> wappen zu seinen zwei heraldischen Zageln der dritte, weil zwei
> ihm zum Wedeln nicht ausreichen.«

Ansonsten schreckte er auch vor scharfen Worten nicht zurück. Unsere Region bezeichnete er z.B. als »der deutschen Barbaren barba-
rischsten Landstrich«. Auch der Stadtarchivar Ludwig Hänselmann,
ein Bekannter Raabes, wusste nicht viel Gutes über Braunschweig
kundzutun, auch wenn er sich dabei hinter den Schriftsteller, Juristen und Politiker Johann Anton Leisewitz zu verschanzen suchte:

> »Seine vollbürtigen Kinder, sagte Leisewitz wohl, speisten viel
> Wurst, tranken viel Mumme, trieben Handel und Wandel, und
> wegen alles übrigen machten sie sich wenig Gedanken.«

Immerhin ging – wie Hänselmann recht blumig formulierte – über
»Braunschweig die Morgenröthe der klassischen Dichtung auf« als
»Lessing hier ein häufiger Gast war; als die Jerusalem, Gärtner, Za-
chariä, die Ebert und Eschenburg das junge Collegium Carolinum
zur vollen Höhe seiner ersten Bestimmung erhoben und weiter dann,
weit über den Bereich ihres amtlichen Wirkens hinaus, eine Fülle

---

3 *Ein Frühling*, erschienen 1857
4 *Der Dräumling*. erschienen 1859

von Anregungen ausstreuten.« Doch, ach, all das nützte ja nichts, denn irgendwann »war der Spiritus« doch wieder »verflogen, das Phlegma geblieben und Braunschweig wieder ungefähr das, was es von Haus aus gewesen – eine Phäakenstadt, sagten die Zierlichen und Milden, ein banausisches Nest die Unumwundenen...«

Kein Wunder also, dass sich Widerstand regte gegen diese triste Eintönigkeit, und so suchten die braven Braunschweiger nach der Wurzel allen Übels und jagten ihren Herzog im Jahre 1830 wieder einmal zum Teufel. Der Schriftsteller Heinrich Laube weiß davon zu berichten:

>»Für die Unterhaltung in Braunschweig war jene Revolution ein eminentes Ereigniß. Denn Braunschweig ist sonst eminent langweilig, die Langeweile geht Arm in Arm mit Regen und Sonnenschein in den uninteressanten Gassen spazieren, die Stadt gefiel mir immer des Abends am besten, wenn ich nicht viel von ihr sah.«

Aber ich greife vor. Bevor man in einer Stadt die herrschenden Verhältnisse umstürzt, sollte man erst einmal klären, wo sie eigentlich liegt. Fragen wir doch einfach August Klingemann:

>»Im südlichen Deutschland betrachtet man auch Braunschweig, eben weil es wenig erwähnt wird, gleichsam als einen in Cimmerische Nebel gehüllten Ort, und ich wurde in der Kaiserstadt verschiedendlich ... auf eine naive Weise befragt, ob es nicht in Preußen gelegen sei?«

So ist das eben: Südlich des Mains wird ganz Norddeutschland für Preußen gehalten.

Aber nun ja, wir sind da vielleicht auch nicht besser. Alles hinter Göttingen liegt von hier aus gesehen in Bayern. Und alles östlich von hier heißt Sibirien. Außer Blankenburg, das gehörte schließlich mal zum Herzogtum Braunschweig-Wolfenbüttel.

Auch mir selbst gegenüber wurde schon von Auswärtigen vermutet, dass Braunschweig in Hessen liege oder gar – Gott bewahre! – in Ostdeutschland. Ich musste dies empört zurückweisen: Braunschweig läge nicht in Sachsen, sondern in Niedersachsen. Namensähnlichkeiten seien rein zufällig!

Überhaupt Niedersachsen – das hört sich nicht schön an, ich gebe es zu. Es klingt so peppig wie Nordrhein-Westfalen, Mecklenburg-Vorpommern oder Rheinland-Pfalz. Kein Wunder, dass niemand nach Niedersachsen, in das »Land der Ideen« (Eigenwerbung) ziehen will. Diese Abgeschiedenheit hat – dem schon erwähnten Heinrich Laube zufolge – Folgen:

»Man sollte es nicht glauben, daß sich die Provinzen so streng absondern könnten, aber der Braunschweiger scheidet sich wirklich, ein abgeschlossenes Individuum. Der Harz ist die letzte Anstrengung, Deutschland vor dem Meere zu retten; um ihn herum als seine nähern oder fernern Vorposten sind die Braunschweiger gelagert, Hüter der Erde, Vertheidiger des reellen Bodens, Leute, welche fest auf ihren Füßen stehen. Der Braunschweigische Stamm gehört zu den ehernsten in Deutschland: starke Muskel, solider Knochenbau, kalter, zweifelloser Muth, rücksichtslose Grobheit, sie sind das unveräußerliche Eigenthum dieser Guelfen ...«

Ehern, kalt, rücksichtslos grob – sind das eigentlich positive Attribute? Und wenn ja, welche sind dann die negativen? Fragen wir das »Neue Konversationslexikon« von 1867:

»Der Braunschweiger gehört zu einem kräftigen Menschenschlag mit ›ächtdeutschem‹ Gepräge. Volkssprache ist ein breites Plattdeutsch; unter den gebildeten Ständen wird das reinste Hochdeutsch gesprochen. Das Landvolk ist arbeitssam, ›muthig‹, robust, hält auf Treue und Glauben, ist in seinem Ehrgefühl leicht gekränkt, und oft artet diese ehrenhafte Reizung in Prozeßsucht aus. Seine Beharrlichkeit geht bis zum Starrsinn. Des Bauern Gradsinnigkeit erscheint häufig als Grobheit, und der Bauernstolz ist hier noch recht zu Hause. Dabei herrscht aber Gastfreundlichkeit und Gutherzigkeit.«

Starrsinnig, prozesssüchtig und – wieder einmal, dann wird es wohl stimmen – grob. Auffällig ist auch, dass das Wörtchen mutig durch Anführungszeichen gleich wieder eingeschränkt wurde. Der Braunschweiger Schriftsteller und Brunnenvergifter Frank Schäfer unterstellte seinen Mitbürgern ebenfalls niedere Gefühle:

»Wie in anderen vornehmlich agrikulturell strukturierten Regionen, deren Bewohner durch widerborstiges Haar, prognathen Kiefer und fliehende Stirne gezeichnet sind, haben die Menschen einen Hass auf alle, die anders, ja sagen wir ruhig: schöner sind als sie selbst.«

Damit sind wir bei den unwichtigen Äußerlichkeiten angekommen. Der Braunschweiger als solcher soll kein angenehmer Anblick sein, heißt es allerorten (zumindest außerhalb dieser Stadt). Auch Stendhal wusste – wie schon oben angemerkt – nur die hiesigen *Frauen* zu schätzen: »Sie gehören sogar zu den schönsten, die ich kenne, besonders die Dienstmädchen.«

Das kann ich nur bestätigen (wobei ich nur sehr wenige Dienstmädchen kenne, Frauen im Allgemeinen aber schon). Da ich mit einer in Wolfenbüttel geborenen Dame verheiratet bin, die immerhin seit gut zwanzig Jahren in dieser Stadt lebt, billige ich mir sogar einige Sachkompetenz zu!

Ja, und wenn es so ist, dass die Frauen so schön sind, warum sollten die Männer dann besonders hässlich sein? Und liegt die Schönheit nicht im Auge des Betrachters? Wollte Stendhal, der im Auftrage Napoleons zwecks erbarmungsloser Unterjochung Deutschlands (andere behaupten, um dieses Land gut 1800 Jahre nach der Varus-Schlacht doch noch zu zivilisieren) einige Jahre an der Oker verbrachte, die Braunschweiger als hässlich ansehen, um sich selbst umso schöner zu fühlen?

TIPP: Vielleicht sollte man sich erst einmal einen Überblick über Braunschweig verschaffen. Und wie macht man das? Genau: Man steigt auf den Turm der Andreaskirche. Der misst 93 Meter, was zugegebenermaßen nicht allzu hoch ist. Für jemanden wie mich, der in keinster Weise schwindelfrei ist, sind dies jedoch gefühlte 9300 Meter. Höher als der Mount Everest also. Doch es lohnt sich, das Dach der Welt zu besteigen bzw. die Wendeltreppe hinaufzustiefeln, denn der Blick über Braunschweig und die nähere und (bei guter Sicht) weitere Umgebung ist fast so aufregend wie der Aufstieg selbst. Viel Vergnügen und Hals- und Beinbruch!

Gegenüber: Fliehende Stirn und prognather Kiefer? Der Braunschweiger als solcher.

Endhaltestelle Krematorium

Ich war's, der zuerst die hochragenden Türme von Braunschweig sah, und ich meine, daß der Matrose da oben auf Christopheri Columbi Schiff nicht so stark geschrien habe: ›Land, Herr Kapitän‹, wie ich schrie: ›Braunschweig, Braunschweig, Vater!‹ Fritz Reuter

Die Braunschweiger als solche sind bescheidene Menschen. Sie haben damit aus der Not eine Tugend gemacht, denn worauf sollten sie auch stolz sein?

Ihre Geschichte gleicht einem Trauerspiel mit Überlänge, war doch das Herzogtum Jahrhunderte lang auf keiner Landkarte zu finden, weshalb es auch nicht erobert werden konnte, bis es die moderne Kartographie endlich zustande brachte, auch derartig winzige Details zu erfassen. Und als inoffizieller Höhepunkt der Geschichte gilt die Verleihung der Staatsbürgerschaft an Adolf Hitler.

Viele Braunschweiger verlassen deshalb die Stadt, am liebsten in Richtung richtiger Städte (also Berlin oder Hamburg), um dann zumeist nach wenigen Jahren reumütig nach Niedersachsen zurückzukehren – und sich in Hannover anzusiedeln. Dabei ist es auch dort nicht besonders schön, das Elend ist nur größer.

Also noch einmal: Worauf sollten wir Braunschweiger denn nun eigentlich stolz sein?

»Eintracht Braunschweig!«, höre ich da jemanden rufen, und seine zehn Freunde skandieren sogleich »Eintraacht, Eintraacht, Eintraahacht! Eintraacht!«

»Zweite Liga«, antworte ich lakonisch. Der Sprechchor bricht ab.

»Braunschweig Lions«, schlägt ein anderer vor.

Die Fußballfans lachen höhnisch: »Scheiß Ami-Sport.«

»Phantoms?«, meint ein anderer.

»Basketball ist doof«, widerspricht ihm jemand aus den hinteren

Reihen und fügt hinzu:»Und du auch!«

»Wie wär's mit den 89ers?« Ein mutiger Vorstoß einer verschwindend kleinen Minderheit.

»Wir verstehen die Baseball-Regeln nicht!« Das unschlagbare Argument der überwältigenden Mehrheit.

Die Fußballer fühlen sich bestätigt.»Eintraacht, Eintraacht, Eintraahacht! Eintraacht!«, »singen« sie wieder.

»Wolters«, höre ich da jemanden rufen bzw. lallen.

Dieser Vorschlag wird von der sportiven Liedertafel sogleich begeistert aufgegriffen:»Woolters, Woolters, Wooholters! Woolters!«

»meisterJäger!«, brüllt nun jemand dazwischen.

»Jägermeister«, wiegele ich ab, »kommt aus Wolfenbüttel!«

»Wolfenbüttel ist doch auch Braunschweig«, meint der Meister-Jäger.

»Ja, aber ...«, versuche ich einen kleinen historischen Exkurs zu beginnen, werde aber unterbrochen.

»Feldschlößchen!«, schlägt ein ganz Mutiger vor.

Ich versuche, das Gespräch in eine andere Richtung zu lenken: »Gibt's hier noch was anderes als Sport und Alkohol?«

Schweigen ist die beredte Antwort.

Aber mal im Ernst: Ist das wirklich alles, was Braunschweig auszeichnet? Ein paar Sportvereine und Alkohol-Marken?

Was unterscheidet *diese* Stadt von anderen Städten?

Genau: ihre Größe bzw. ihre Nicht-Größe.»Braunschweig«, sagt der typische Braunschweiger, »ist genau richtig. Nicht zu groß und nicht zu klein.«

Mit anderen Worten: Sie ist groß genug, dass etwas los sein könnte, aber so klein, dass in Wirklichkeit nichts passiert.

Ein Beispiel: Mit meinen Schwestern treffe ich mich alle paar Monate zu einem gemeinsamen Wochenende, um zu schwatzen und zu tratschen und uns gemeinsam dem sub- und hochkulturellen Hochgenuss hinzugeben. Wir wohnen verstreut in verschiedenen Städten Deutschlands. Und der Austragungsort dieser Treffen rotiert regelmäßig.

Beim letzten Mal war Braunschweig dran, und wir sind ganz selbstverständlich davon ausgegangen, dass uns schon was einfallen wird, was man an einem Wochenende in der Oker-Metropole machen kann: Theater, Kabarett, Konzert oder Lesung – irgendwas gibt es ja immer.

Außer an diesem Wochenende:

Kabarett – erst Sonntagabend wieder.

Konzert – fällt leider aus.

Theater – nein, heute nur Ballett (Ballett!).

Lesung – was war das noch gleich?

Also gingen wir ins Kino, konnten uns jedoch nicht auf einen Film einigen, so dass wir uns schließlich entschlossen, einen Horrorschocker anzuschauen, den allerdings niemand wirklich gerne sehen wollte. *Mal was ganz anderes eben.* Der größte Horror für mich war jedoch, dass sich meine Blutsverwandten weigerten, nach dem Erwerb der Karten das Kinocenter zu verlassen, um im Bossanova noch ein Bier zu trinken. So warteten wir dann anderthalb Stunden im Foyer bzw. im Saal 8 bis der Film endlich anfing. Nach einem halben Dutzend Toter war der Spaß dann auch schon wieder vorbei.

Immerhin gelang es mir an diesem Wochenende noch, sie ins Univiertel zu schleifen, um dort in einem Biergarten in der Nähe des Figurentheater Fadenscheins mehrere Gerstensäfte (Wolters glaube ich) zu verzehren. Immer in Halb-Liter-Gläsern, denn wir waren uns einig: Draußen gibt's nur Kännchen.

Das Univiertel ist sehr hübsch. Auch der Botanische Garten hatte erst wenige Minuten vorher seine Pforten geschlossen, so dass wir ihn *fast* hätten besuchen können, um dort Pflanzen und flanierende Studenten in ihrem natürlichen Lebensraum zu beobachten. Immerhin waren dann später noch einige freilebende Exemplare der angehenden Akademiker auf der Straße auf ihrem Weg zur Futterstelle zu sehen. An ihren kleinkarierten Hemden erkannten wir, dass es sich dabei um ein Rudel E-Techniker handelte. Sie trafen auf einige versprengte Exemplare Maschbauer (großkarierte Hemden), beschnüffelten sich aufgeregt und zogen gemeinsam weiter. Eine Herde Architekten (schwarze Rollkragenpullover) musste ihnen auf die andere Straßenseite ausweichen.

Es ist ja immer wieder faszinierend, das Sozialverhalten der Studenten zu beobachten. Sie verlassen das Univiertel nur sehr selten – meist nur zur Balz in den Clubs in der City und um bei Mutti in Peine die Wäsche abzugeben, z.B. klein- oder großkarierte Hemden

16

und Rollkragenpullover. In den gastronomischen Betrieben in der Innenstadt treffen sie dann ihre Kommilitoninnen, meist Pharmazeutinnen und Pädagoginnen, und laden sie zu einem Wolters ein.

Wir Geschwister folgten ihnen jedoch nicht, sondern wendeten unseren Blick gen Osten und wanderten zügig ins dortige Ringgebiet, um das Studio Ost und die Uschi-Bar heimzusuchen und danach unser Heim zu suchen.

Auch das ist eine Besonderheit in Braunschweig: Es lohnt sich kaum, Fahrkarten zu kaufen, da innerhalb des Ringes (und knapp darüber hinaus) eigentlich alles ganz gut auf Schusters abgelatschten Rappen zu erreichen ist. Warum es hier deshalb immer noch kein günstiges Kurzstreckenticket gibt, um vielleicht doch noch den einen oder anderen *potentiellen* Kunden zu überreden, ein *realexistierender* Kunde zu werden, wird wohl ewig das unergründliche Geheimnis der Verkehrsplanungsverschwörer bleiben.

Andere Stadtteile sind dagegen tatsächlich nur mit Langstrecken-Verkehrsmitteln zu erreichen, also mit Auto oder Fahrrad oder Bus oder Bahn. Besonders geeignet, um das Volk kennen zu lernen und ihm auf das große Maul zu schauen (für alle Eintracht-Hools: Ich sagte »schauen« nicht »hauen«!), ist natürlich der Öffentliche Personennahverkehr.

Erinnert sei an dieser Stelle auch an die legendäre Endhaltestelle »Krematorium«, die vor nicht allzu langer Zeit in »Helmstedter Straße« umbenannt worden ist, was ich sehr schade finde: Endstation Krematorium – das hatte doch einen ganz wunderbaren morbiden Charme. Schön ist auch, dass zur selben Zeit die ehemalige Haltestelle »Stadthalle« in »Hauptpost« umbenannt worden ist, was eigentlich keine *ganz* falsche Idee ist, denn wer in die Stadthalle will, sollte am Leonhardplatz aussteigen. Allerdings sollte, wer zur Hauptpost will, lieber am Hauptbahnhof aussteigen...

Braunschweig ist jedenfalls so klein, dass man nach Möglichkeit sein Auto stehen lassen sollte. Cruisen macht hier einfach keinen Sinn, zudem sich insbesondere die Innenstadt durch eine unkonventionelle Verkehrsführung auszeichnet. Einbahnstraßen und schlachtfeldgroße planierte Flächen wie der John-F.-Kennedy- und der Europaplatz machen die Orientierung zu einem der letzten Abenteuer dieser Erde. Ach, ich vergaß: Heutzutage gibt es ja Navis. Hauptsache, sie sind auf dem neuesten Stand und bekommen auch die aktuellsten Kapriolen der Stadtplaner mit. Sonst endet die Fahrt doch noch im Salzgitter-Stich-Kanal.

Kommen wir aber noch einmal auf unser eigentliches Thema zurück: Stellen Sie sich vor, Sie würden auswärtigen Gästen unsere Stadt zeigen wollen. Was würden Sie diesen präsentieren? Das Schloss? Vielleicht. Wenn, dann jedoch wahrscheinlich mit den Worten: »Guckt mal, hier ist das Schloss. Mit Pferden oben drauf. Jetzt lasst uns mal in die Arkaden gehen, bei Saturn gibt's gerade einen DVD-Player für ganz billig...«

Aber ist das das wirkliche Braunschweig? Ein Elektrofachhandel in Übergröße? Oder gibt es nicht auch noch viel interessantere Orte? Läden, die es nicht in jeder größeren Stadt in Deutschland auch gibt? Ungeklonte? Auf natürlichem Wege gezeugte sozusagen?

Die Antwort lautet: Ja! Ja! Und noch mal: JA!

TIPP: Sie sollten Ihre Gäste unbedingt in die Innenstadt geleiten, um sie mit den dortigen Straßen, Plätzen, Gassen, Tweten und Passagen bekannt zu machen. Hier, sowie natürlich in den Ringgebieten, gibt es originelle Läden (»KingKing Shop« in der Kastanienallee), unverwechselbare Galerien (z.B. »Tatendrang« in der Breiten Straße) und tolle Antiquariate (z.B. »Buch und Kunst« in der Kasernenstraße und die »Leseratte« im Hopfengarten Ecke Kastanienallee).

Neues aus der Gerüchteküche

Gerüchten zufolge hat Braunschweig einen roten Löwen als Wappentier. Anderen Gerüchten zufolge kommt die Farbe daher, dass er sich dafür schämt, hier zu leben und nicht in einer Stadt an der Leine.

Gerüchten zufolge ist Braunschweig Teil der Metropolregion Hannover-Braunschweig-Göttingen-Wolfsburg. Anderen Gerüchten zufolge leiden die Erfinder dieses Namens an schlimmen Bandwürmern.

Gerüchten zufolge war Braunschweig »Stadt der Wissenschaft 2007«. Anderen Gerüchten zufolge gab es vorher keine wissenschaftliche Untersuchung, die diesen Titel gerechtfertigt hätte.

Gerüchten zufolge hat Braunschweig 243.363 Einwohner. Anderen Gerüchten zufolge schließt das die Toten auf dem Hauptfriedhof mit ein.

Gerüchten zufolge wurden bei Schöningen die ältesten Jagdwaffen der Menschheitsgeschichte gefunden. Anderen Gerüchten zufolge deutet der Aufdruck »Made in Japan« auf eine deutlich spätere Bauzeit hin.

Gerüchten zufolge wurden für den Bau des neuen Braunschweiger Hauptbahnhofs mehr als 100 Gebäude abgerissen. Anderen Gerüchten zufolge war auch die Bombardierung Braunschweigs im 2. Weltkrieg mit den Stadtplanern abgesprochen.

Gerüchten zufolge versteckt sich hinter der Schlossfassade ein Einkaufszentrum. Anderen Gerüchten zufolge wird es bald keine Schlossfassade mehr geben, weil Disneyland Paris Interesse angemeldet hat, sie zu kaufen, um damit eine McDonalds-Filiale zu tarnen.

Gerüchten zufolge ist Rühme sehr schön. Anderen Gerüchten zufolge gilt das nur, wenn man Autobahnen und andere überbreite Straßen sowie Kanäle samt Häfen für die Binnenschifffahrt mag.

Gerüchten zufolge gibt es in Braunschweig ein Ausländerproblem. Anderen Gerüchten zufolge haben sich die Pfälzer Bauern, die sich im Jahre 1750 in Veltenhof ansiedelten, inzwischen assimiliert und die anfänglichen Anpassungsschwierigkeiten – sie versuchten vergeblich, Weinbau zu betreiben – überwunden.

Gerüchten zufolge hat Braunschweig die meisten Kioske pro Einwohner. Anderen Gerüchten zufolge blieben Kundenbefragungen zu diesem Thema erfolglos, da die Antworten nur undeutlich gelallt wurden.

Gerüchten zufolge gibt es in Braunschweig mehr Frittenbuden als in Hannover. *Gerüchen* zufolge stimmt das.

Tipp: Gerüchten zufolge hat die Braunschweiger (Architektur-)Schule unter dem Motto »Bauen, als wenn man schwebt« gearbeitet. Ein Besuch des Zentral-Campus der Uni zeigt Ihnen, ob das stimmt. Ihre Kritiker behaupten nämlich, dass die Braunschweiger Schule reichlich abgehoben gewerkelt habe ...

Braunschweigs berühmteste Sehenswürdigkeit: Der Braunschweiger Löwe.

Onkel Heinis Miezekatze

Der Legende nach soll Herzog Heinrich von einer Pilgerreise in das heilige Land einen Löwen als Geschenk des byzantinischen Kaisers mitgebracht haben. Dieser wurde dann sogleich zum Wappentier erhoben. Die Frage ist nur: warum eigentlich?

Die Antwort: Traditionellerweise wird diese Riesenmieze ja gerne als Symbol für Kraft und Mut und so'n Kram fehlinterpretiert; ich dagegen finde vor allem auffällig, dass der männliche Löwe eine im engeren Sinne recht nutzlose und ungekämmte Mähne hat, die ausschließlich dazu dient, die Prankenhiebe seiner Geschlechtsgenossen abzufedern. Weibliche Löwen dagegen haben dieses Imponiergehabe nicht nötig und gehen ganz praxisorientiert lieber auf die Jagd, wo so ein Gezuppel am Kopp nur hinderlich wäre.

Und was zeichnet Löwen noch aus?

Genau: ein miserables Sozialverhalten, gekennzeichnet durch inzestuöse Fortpflanzung, Bildung marodierender Männerbünde und das öffentliche Austragen blutiger Machtkämpfe. Gestürzte Anführer werden anschließend vertrieben und verhungern im Exil, ihre Kinder werden mitunter ebenfalls getötet. »Infantizid« heißt dieser im Königreich der Tiere sehr beliebte Brauch. Angesichts dieser mehr als schlechten Angewohnheiten überrascht es vielleicht auch nicht, dass sogar die Reinlichkeit der possierlichen Killerkatzen zu wünschen übrig lässt. Die Körperpflege beschränkt sich nämlich auf das Putzen des Nasenrückens und auf das Abwaschen des Blutes der Beutetiere von den Pranken. Wirklich beeindruckend sind Löwen eigentlich nur in der Paarungszeit, in der sie sich alle 15 Minuten dem sexuellen Genuss hingeben – bis zu 50 Mal am Tag. Ja, davon träumt der gemeine Braunschweiger!

Auch die Ernährungsweise der Großkatze ist dem menschlichen Möchtegern-Raubtier von der Oker sehr sympathisch, denn der Löwe ernährt sich von Fleisch, Fleisch, Fleisch und Fleisch. Und manchmal frisst er auch Fleisch.

Ist das der Grund, warum der Löwe in der Mythologie schon immer eine so mächtige Rolle innehatte: ungebändigte Brutalität in Verbindung mit ungezügelter Sexualität? Und was verrät uns das über Lüneburg, Bamberg, Husum, München, Alteglofsheim und die anderen Weltstädte, die sich einen Löwen als Wappentier halten?

Und sollte man überhaupt allzu viel auf die Sagen und Legenden geben, in denen Löwen eine wichtige Rolle spielen? Wenn man z.B. bedenkt, dass zu Herakles berühmten »zwölf Taten« neben dem Töten des Nemeischen Löwen auch das Reinigen eines Rinderstalles, das Pflücken von Äpfeln und das Gassigehen mit einem Wachhund gehörten, relativieren sich diese Heldentaten schon wieder etwas – mal ganz abgesehen davon, dass der hellenische Superheld später durch das Tragen von Frauenkleidern verhaltensauffällig wurde. Sich von so einem besiegen zu lassen, ist irgendwie schon ein bisschen peinlich für einen Löwen.

Das sollte man sich mal durch den Kopf gehen lassen, wenn man das nächste Mal »Steh auf, wenn du ein Löwe bist« im Stadion grölt!

TIPP: Na klar, das touristische Standardprogramm für die Löwenstadt sieht auch den Besuch des Burgplatzes inkl. Dom, Burg, Landesmuseum und der zahlreich herumlungernden Löwen vor. Wer jedoch wirklich wissen will, wie der gemeine Löwenstädter tickt, sollte mal ein Heimspiel der Eintracht besuchen. Hier sieht man dann, dass nicht nur die großen Bundesliga-Vereine Fans haben, sondern auch zweitklassige Fußballclubs überzeugte Anhänger ihr eigen nennen dürfen. Höhepunkte des Vereinslebens sind natürlich die Spiele gegen andere Traditionsclubs, wie z.B. gegen FC St. Pauli oder gar gegen den Lieblingsgegner Hannover 96.

Schönheit liegt im Auge
des Betrachters

Es fing an zu dunkeln. Ich dichte mich gern unklar in eine Stadt hinein und vertiefe mich gern in unbekannte Straßengewinde. Das kann man nirgends so gut als dort. Braunschweig ist ein kleines Gedärm: verworren, ordnungslos, mit republikanischer Willkühr, allen verliebten Launen nachgebend, laufen die Gassen durcheinander, kein Instinkt, kein Ortssinn hilft, man muß all diese kleinen Därme aus Erfahrung kennen, sonst verirrt man sich ... Heinrich Laube

»Ich bin froh, dass wir bombardiert worden sind. Jetzt können wir den Leuten im East End in die Augen sehen«, kommentierte Queen Elizabeth vielleicht etwas zu herzlos, nachdem sich deutsche Flugzeuge über London entleert hatten – sie selbst war ja noch im Besitz der einen oder anderen 775-Zimmer-Wohnung. Vielen ihrer nunmehr obdachlosen Mitbürgern war das Scherzen dagegen mittlerweile vergangen. Besonders diejenigen, die die deutschen Angriffe nicht überlebt hatten, fanden oft keine Zeit mehr, sich nette Bonmots auszudenken.

Diesseits der Nordsee sieht es ganz ähnlich aus: Auch die Braunschweiger bedauern bis heute die Zerstörung ihrer Innenstadt in den Bombennächten des 2. Weltkriegs. Davor, so erzählen Heimatpfleger und -schützer, besaß die Okermetropole nämlich die größte zusammenhängende Fachwerkinnenstadt Deutschlands. Aber war das wirklich so toll? Fragen wir doch einige Zeitzeugen, z.B. Ludwig Hevesi, einen Reiseschriftsteller aus dem 19. Jahrhundert:

»Nichts ist schöner für das Auge als Häuser, in denen man nicht um die Welt wohnen möchte. Häuser aus Fachwerk z.B., die man mit einem Streichholz gleich frontenweise abbrennen kann wie ein Feuerwerk; mit knarrenden Holzstiegen, die eine gemütliche Lebensgefahr bedeuten; mit roten, steilen Dächern voll Dachstübchen, deren Fenster gerade groß genug sind für einen durchgesteckten Kopf.«

Mit anderen Worten: So was ist hübsch anzusehen – aber drin leben? Nie im Leben!

Jan Meermann Freiherr von Dalem geht sogar noch weiter. Er findet ein Jahrhundert zuvor den ganzen Kladderadatsch noch nicht einmal besonders ansehnlich:

»Die Stadt kann ohne Frage zu den alten, ansehnlichen und Handel treibenden Städten des teutschen Reiches gezählt werden; aber vielleicht können noch Jahrhunderte verfließen, ehe man ihr unter den schönen Städten eine Stelle anweisen kann. Bey einigen ziemlich breiten Gassen und geräumigen Märkten und einigen hie und da in die Augen fallenden massiv gebauten Häusern ist doch der größte Theil der Häuser von wiedriger Art, mit unansehnlichen Giebeln, schlecht bemalt und die Farben noch überdem schlecht unterhalten; das zweyte Stockwerk ragt nur zu oft über das untere hervor, kein Verhältniß ist da zwischen Thüren und Fenstern, und das Glas der Fenster ist in Bley gefasset. Dazu denke man sich noch düstere ungefällige Kirchen, ein sehr gothisches Rathhaus mit Zierrathen eben der Art und ein Straßenpflaster, das nur erträglich scheinen kann, wenn man von Goslar kommt.«

Georg Heinrich Hollenberg, Fürstlich Osnabrückischer Land-Conducteur, bestätigt zur selben Zeit das vernichtende Urteil:

»Braunschweig ist in Ansehung seiner Gebäude ein ziemlich unbedeutender Ort. Ich habe wenig gut gebaute Häuser darin gefunden. Selbst einige der neuesten sind in einem so seltsamen Barockengeschmack gebauet, daß ich nicht um vieles der Erfinder seyn möchte.«

Ob es also gut ist, dass Bomber Harris und seine fliegenden Freunde ein wenig Ordnung geschaffen haben in Braunschweig? Oder waren diese Maßnahmen doch etwas übertrieben...?

Auffällig ist jedenfalls, dass gerade heutzutage – wo man sich an dem einen Tag noch im Bienroder Teich von Hechten in den rotlackierten Zehennagel beißen lässt, um schon 24 Stunden später Opfer eines Hai-Angriffs in thailändischen Gewässern zu werden – die Sehnsucht nach der guten alten Zeit (die es doch bekanntlich nie gab) immer stärker und stärker zu werden scheint, bis sie schließlich übermächtig wird und man eine Stadt, in der Menschen arbeiten und leben, blau machen und sterben, mit einem Freilichtmuseum zu verwechseln beginnt. Mit anderen Worten: Wer keine Heimat hat, bastelt sich eine. Das Zubehör gibt es im Baumarkt. Alle paar Wochen sogar zwanzig Prozent billiger, und wenn Sie woanders ein günstigeres Angebot finden, bekommen Sie bei uns eine Zehner-Packung Sechser-Dübel kostenlos dazu.

Und wenn man dann ganz Braunschweig wieder im Fachwerkstil neu erbaut hat, kann man sich auch endlich wieder im Nostalgie-Labyrinth verlaufen. Ein Orientierungspunkt wird jedoch das Braunschweiger Schloss sein, denn kaum zu übersehen thront es über der Innenstadt – wobei es natürlich gar kein Schloss ist, sondern nur eine Gebäudehülle für Bücherhalle, Veranstaltungssaal, ein paar Büros und eine Shoppingmall.

Wir erinnern uns: »Im Grunde ihres Herzens sind die Braunschweiger Monarchisten«, verlautete es am Anfang der Debatte über die Errichtung einer Schlossattrappe aus dem Kreis der Befürworter dieses Bauvorhabens. Da es »die Braunschweiger« nicht gibt, braucht man dieser Behauptung natürlich keinen Glauben zu schenken – trotzdem steckt ein wahrer Kern in diesem Satz, denn das Vorhänge-Schloss, wie es gerne spöttisch genannt wird, hat zumindest einen enormen symbolischen Wert.

Letztlich geht es eben nicht allein um ein bisschen mehr oder weniger unansehnliches Stuckgedümsel in der City, sondern auch darum, dass hier ein Wahrzeichen der Monarchie wieder vorzeigbar gemacht wurde – und das vollkommen jenseits eines ernsthaften Denkmalschutzes.

Manch einem Braunschweiger Bürger ist der Prunk- und Protzbau auch immer noch ein wenig peinlich. Vergleiche mit dem Schloss Neuschwanstein gehören zu den Standardpolemiken gegen den »Potemkin-Palast«. Sogar dem – im Vergleich mit den anderen Braunschweiger Grünanlagen recht kümmerlichen – Schloss-Park werden immer mal wieder ein paar Tränen nachgeweint.

Fakt ist, dass durch die Schlossfassade eine Vergangenheit beschworen wird, die es nie gab, vor allem nicht in den Arbeiterquartieren des Herzogtums Braunschweig. Namentlich im angrenzenden und heute so anmutigen Magniviertel herrschte unbeschreibliches Elend, das sich im 1. Weltkrieg noch vervielfachte, als die deutschen Monarchen der Meinung waren, einen Eroberungskrieg gegen den Rest der Welt führen zu müssen.

Die Nazis waren sich der Bedeutung des Schlosses jedenfalls durchaus bewusst – sie brachten im Stadtschloss eine SS-Junkerschule unter, um ihren Nachwuchs-Aristokraten das Herrschen beizubringen. Der Abriss der Schlossruine kann in diesem Sinne durchaus als eine antifaschistische Tat interpretiert werden, auch wenn vor allem die hohen Kosten für einen Wiederaufbau als Begründung herhalten mussten.

Kaum Trost spendend ist es da, dass Braunschweig nicht alleine dasteht. Der Provinzialismus hat auch in anderen Städten Einzug gehalten, denn auch in Potsdam und Berlin sind derartige Neubauten geplant. Heimattümelei, Hurrapatriotismus und andere Identitätshuberei sind derzeit eben megahip.

Hip Hip Hurra!

Tipp: Reste der alten Braunschweiger Fachwerk-Innenstadt finden sich noch allerorten, vor allem jedoch im Magniviertel und um den Altstadtmarkt herum. Suchen Sie sich eine gemütliche Kneipe mit Ausblick auf die Straße und genießen Sie das hiesige Ambiente. Auch die Bruchstraße ist überaus sehenswert – als Bordellmeile ist sie jedoch leider nur den erwachsenen männlichen Bewohnern der Stadt ohne weiteres zugänglich.

Friedhof und Lustschloss

Braunschweig hat zwei Dinge im Übermaß: Friedhöfe und Parkanlagen. Oft sind sie nicht einmal voneinander zu unterscheiden. Die Friedhöfe sind so schön wie Parks, die Parks so tot wie Friedhöfe. Der Hauptfriedhof an der Helmstedter Straße ist sogar ein Rekordhalter. Es handelt sich dabei um den größten kirchlichen Friedhof Deutschlands. Für eine an Superlativen und Rekorden eher arme Stadt ist das doch schon eine beachtliche Leistung! Nun hat dieser nicht ganz so viele Attraktionen zu bieten wie beispielsweise der Pariser Friedhof Père Lachaise, auf dem sich Oscar Wilde, Jim Morrison und Berta Zuckerkandl-Szeps ein Stelldichein geben, doch hat er mit Wilhelm Raabe (Schriftsteller), Heinrich Büssing (Busbauer) und August Merges (Revolutionär) durchaus die Ruheplätze einiger Semiprominenter und lokaler Berühmtheiten vorzuweisen.

Die wahren Celebrities lagern jedoch auf dem Magnifriedhof, unter ihnen die Verleger George Westermann, Friedrich Vieweg und Albert Limbach, die Schriftsteller Johann Heinrich Campe, Friedrich Gerstäcker und Gotthold Ephraim Lessing (dazu später mehr) sowie der Kunsthochschulgründer Johannes Selenka. Wer etwas auf sich hält, sollte sich bemühen, dort begraben zu werden. Aber vielleicht ist einem das dann auch schon egal.

Nicht weniger schön als die Friedhöfe und Parks ist das Naturschutzgebiet der Riddagshäuser Teiche. Wenn Sie Menschen, die Braunschweig besuchen wollen, beeindrucken möchten, holen Sie sie mit dem Auto ab und fahren über Riddagshausen und die Ebertallee nach Braunschweig hinein. Sie werden dann viele »Aaahs und Ooohs« und »Ach, das ist ja eine schöne Stadt« ernten. Nur an dem stadtauswärts gelegenen Bahnübergang wird es unter Umständen ein wenig Gemaule geben, weil man dort so lange warten muss, bis man die gefühlten 13 Züge endlich durchgelassen hat.

Ebenfalls sehr schön: der englische Garten vor dem Schloss Richmond. Dieses Schlösschen ließ Herzog Karl Wilhelm Ferdinand für seine Gemahlin, Prinzessin Augusta, errichten, damit diese eine Erinnerung an ihre Heimat Richmond Park an der Themse habe. Es rief allerdings nicht bei allen Zeitzeugen Begeisterung hervor. »Ich sah unterwegs das neue Lustschloß Ihrer Hoheit, welches keiner, der mehrere gesehen, bewundern kann«, schrieb zum Beispiel ein kurhannoverscher Bedienter unbekannten Namens im Jahre 1783.

Das Schloss Richmond wurde übrigens im Volksmund auch Feldschlößchen genannt. 1871 lieh es einer Brauerei seinen Namen – und hat ihn seitdem nicht zurückbekommen.

Womit wir schon beim nächsten Thema wären: Braunschweiger Bier.

Tipp: Braunschweigs abwechslungsreichster Park ist der Prinzenpark, der mit Skaterbahn, Spielplatz, Fahrradhuckelgelände, zwei Eismatschern, Aussichtsturmbunker, Hundewiese, Rodelhang, Eichhörnchenfütterstelle, Sportplätzen, Kirche, Biergarten, Holzwurm, Jogging-, Walking- und Sittingstrecken, Fahrradwegen, Grillplatz und Herumlungerwiese das Vollbeschäftigungsprogramm für die ganze Familie bietet. Braunschweigs schönster Park – klein, aber fein – ist der Botanische Garten im Univiertel. Braunschweigs tier- und pflanzenreichste Naturfläche ist das Teichgebiet in Riddagshausen mit der angrenzenden Buchhorst. Auch absolut sehenswert: der Bürgerpark mit Okercabana, Portikus und künstlich aufgehäuftem Hügel. Die perfekte Lauf- und Fahrradfahrstrecke ist der Südsee mit dem vorgelagerten Kennelbad, einem günstigen, familienfreundlichen Strandbad und den häufigsten Bademeisterdurchsagen in der ganzen Stadt: »Das Krokodil bitte wieder zurück in den Nichtschwimmerbereich!«

Der Geheimtipp ist der Dowesee im Norden der Stadt mit Kunstwerken, toller Bepflanzung, schönen Veranstaltungen und vollkommen legaler Entenfütterstelle.

Im Wein liegt Wahrheit,
im Bier der Glauben

Entweder Wolters oder Feldschlößchen. Das ist keine Geschmacks-
sondern eine Glaubensfrage. Der eine glaubt, Wolters schmecke besser (»Immota fides«, also »Unerschütterlich im Glauben« lautet ja
auch einer der beiden lateinischen Wahlsprüche der Brauerei), der
andere betet das andersbegabte Feldschlößchen an.

Und wer ganz traditionsbewusst ist, genießt eine Braunschweiger Mumme. Ihre Erfindung wird einem mythischen Bierbrauer namens Christian ... na, wie heißt er wohl ... Mumme zugeschrieben.
Auch hierbei handelt es sich jedoch mehr um Glauben als um Wissenschaft. Fakt ist jedoch, dass die Mumme alkoholfrei ist und daher,
wie jedes andere alkoholfreie Getränk auch, als Medizin gilt. Darum
kann man sie auch in Apotheken erwerben.

Die Mumme dient heutzutage vor allen Dingen dazu, den Be-
kanntheitsgrad Braunschweigs über die Grenzen Ostfalens hinaus
zu erhöhen. Ihr wurden eben schon von jeher allerlei mythische
Fähigkeiten zugesprochen. Ein gewisser Philipp Christian Ribben-
tropp stellte diese allerdings schon 1789 vorsichtig in Frage:

> »Ist es richtig, was in Herrn Krünitz Encyclopädie unter dem
> Worte Braunschweiger Mumme gesagt wird, daß sie wie andere
> Biere von der Art, wenn sie nach Ostindien gebracht werde, un-
> ter der Mittagslinie zwar sauer würde, wenn sie aber nach Ostin-
> dien ankäme, ihre völlige Süßigkeit und guten, sogar noch besse-
> ren Geschmack wieder erhielte, so ist dieses sehr merkwürdig.«

Dem möchte ich nicht unbedingt widersprechen.

Es gibt inzwischen übrigens auch ein recht passables alkoholhaltiges Dunkelbier – so passabel, wie Dunkelbier eben schmecken
kann – gleichen Namens.

Der Braunschweiger trinkt also gerne Bier, soviel ist sicher. Dazu
hat er oft Gelegenheit, besonders wenn er arbeitslos ist oder arbei-
tet oder wenn er Rentner ist oder Student oder Schüler oder Mann
oder Frau oder Kleinkind. Die Anlässe sind die üblichen: Geburts-

tage, Polterabende, Hochzeiten, Taufen, Konfirmationen, Silberne Hochzeiten, Goldene Hochzeiten, Scheidungen, Beerdigungen, Magnifest, Wolters-Hoffest und School's out-Party im Bürgerpark. Man kann den Gerstensaft natürlich auch als Grundnahrungsmittel betrachten und ihn einfach zu allen wichtigen Mahlzeiten zu sich nehmen.

Weitere Anlässe, bei denen es gestattet ist, hemmungslos Alkohol zu konsumieren, sind natürlich die zahlreichen Braunschweiger Schützenfeste. Es gibt sie in so ziemlich allen Stadtteilen, und auch im Umland sieht man immer wieder fröhlich kostümierte Menschen, die sich lachend in die Vorgärten übergeben. Bei diesen Kampftrinkveranstaltungen ziehen Schützenbrüder und -schwestern in Begleitung von Spielmannszügen durch die Stadt oder die Vororte, um dem jeweiligen Bürgermeister zu huldigen, die Fahne aus dem Rathaus abzuholen oder den König wegzubringen oder zu suchen (»Eben war er doch noch da?! Na, auch egal, reich mir mal die Flasche. Danke. Warum sind hier eigentlich keine Häuser mehr? Ich glaube, wir haben uns verlaufen. Und links zwo drei vier.«)

Zu einem richtigen Schützenfest gehört natürlich auch ein Jahrmarkt. Früher ging es da wie folgt zu, heute wohl nicht viel anders:

»Den Nachmittag brachte ich mit einem jungen Kaufmann aus Lübeck, der an meinem Tische speiste, auf der Masch zu, wo ein Scheibenschießen war. Alle Zelte, die hier aufgeschlagen sind, waren entweder mit gewinnsüchtigen Personen, welche Glücksspiele hatten, oder mit Huren angefüllt. Ich war eine Zeitlang in einem solchen Hurenzelt und mußte lauter Zweydeutigkeiten und Zoten anhören. Die braunschweigischen Frauenzimmer gingen Schaarenweise auf und ab, wie am Lämmerabend in Hamburg, und kramten ihr bisschen Schönheit aus. Ganz Braunschweig hat in der Bauart der Häuser, in der Häßlichkeit der Sprache und der Frauenzimmer schon viel Aehnlichkeit mit Göttingen. Ich brachte hier wol 3 Stunden zu und ärgerte mich über das freche Hurengesindel.«

Vielleicht war aber auch nur der raue Charme des typischen Braunschweigers zuviel für Johann Martin Miller, den empfindsamen Dichter des »Göttinger Hains«.

Noch beliebter als die Masch ist der »Schoduvel« genannte Karnevalsumzug, der Jahr für Jahr von rund 200.000 Menschen besucht wird. Er wurde im Jahre 1979 von Gerhard Glogowski initiiert und ist wahnsinnig lustig, wie schon die witzigen Umzugs-Motti zeigen:

»Jubel, Trubel, Heiterkeit – Helau zur fünften Jahreszeit.« (2004)
»Brunswiek Helau klingt`s meilenweit, denn es ist wieder Narrenzeit.« (2005)
»Frohsinn, Brunswieks Narrenpflicht – schlechtes Klima gibt's hier nicht!« (2008)
»Bühnenkunst und Narretei, in Braunschweig sind die Narren frei.« (2010)
»Schoduvel, mach dich auf die Socken, um den Frühling anzulocken!« (2012)

Ich kann bezeugen, wie fröhlich es dort zugeht. Das erste Mal machte ich mit dem fröhlich feiernden Mob Bekanntschaft, als ich eines Tages nichtsahnend um 14.00 Uhr in der Frühe von einer kleinen, ausufernden Feierlichkeit nach Hause kam, um endlich in mein Bett in meiner Wohnung in der Sonnenstraße zu fallen. Doch war es mir fast unmöglich, dieses zu erreichen, denn die verkleideten bzw. vermummten Braunschweiger wollten mich nicht durchlassen und beschimpften mich unflätig – ich glaube, sie hatten Angst, dass ich ihnen ihren Bolchenfangplatz streitig machen wollte. Nur meinen Überredungskünsten (»Platz da! Ich muss hier durch!«) war es zu verdanken, dass ich mein Schlafgemach doch noch heil erreichte. Helau!

TIPP: Den sich freuenden Dritten, die sich nicht zwischen Wolters und Feldschlößchen entscheiden können, sei anempfohlen, Schadt's Gasthaus am Marstall zu besuchen und dort ein alkoholhaltiges Grundnahrungsmittel zu genießen, das tatsächlich nur hier zu erwerben ist.

Ein Zug durch die Gemeinde

21. Oktober. Ich habe beschlossen, endlich einmal für das von mir zu schreibende Braunschweig-Buch zu recherchieren. Schließlich ist in anderthalb Wochen Abgabe. Gegen 18.00 Uhr habe ich mich mit dem Schriftstellerkollegen M. H. in Schadt´s Gasthaus verabredet, um die gastronomischen Betriebe in Braunschweig einer eingehenden Untersuchung zu unterziehen. Wir prüfen alle hier erhältlichen Biersorten und befinden sie für gut. Bei einigen sind wir uns aber nicht ganz sicher und testen sie lieber zweimal. Nur die alkoholfreien lassen wir weg, man muss sich auch beschränken können.

Nachdem wir genug Stichproben genommen haben, wanken wir weiter in Richtung Baßgeige. Hier wird wie immer viel Jazz gespielt. Als wir »Lili Marleen« anstimmen – ein Lied, das immerhin von einem Braunschweiger komponiert worden ist – summen alle mit und machen Trompeten nach.

Anschließend suchen wir die Haifischbar auf und heim. Meine Versuche zu kickern sind nur von mäßigem Erfolg gekrönt, da man sich an den beweglichen Stangen nur sehr schlecht festhalten kann. Ich suche mir deshalb lieber einen Sitzplatz. Die Leute an dem Tisch, auf dem ich hocke, nehmen meine Anwesenheit relativ gelassen hin, zumindest bis zu dem Zeitpunkt (der nach ca. zwölf Sekunden erreicht ist), als ich vom selbigen rutsche. Es gelingt mir auch nicht, mich an den Bierflaschen festzuhalten. Ich muss ihnen neues Bier kaufen. Ich wundere mich darüber, dass hier tatsächlich zwanzig Personen gesessen haben wollen.

Ich frage mich, wo M. H. ist. Nach einiger Zeit entdecke ich ihn unter dem Tisch. Wir winken uns freundlich zu.

Nachdem es ihm gelungen ist, sich wieder aufzurappeln, ziehen wir gemeinsam in Richtung des Herrn Tegtmeyer. Der Abend endet dort. Vermutlich. So genau weiß ich das nicht mehr.

Meine Müdigkeit, die allgemeine Übelkeit und die schier unerträglichen Kopfschmerzen am nächsten Tag lassen mich vermuten, dass die Recherche noch sehr aufwendig gewesen sein wird.

TIPP: Originelle Kneipen gibt es in Braunschweig zuhauf. Neben den genannten (die »Baßgeige am Bäckerklint«, die »Haifischbar« in der Wallstraße und das »Herr Tegtmeyer« in der Wallstraße Ecke Leopold-straße) sind das z.B. die »Funzel« am Rebenring, das »Vier Linden« in der Wiesenstraße und das »Café Riptide« im Handelsweg.

Meerkatzen gehören seit vielen hundert Jahren zur Tierwelt Ostfalens. Meistens aber gebacken.

Erst die Wurst, dann der Durst

Jenseits der Region weniger bekannt sein dürfte die Knackwurst, eine hellgraue, oft mit Thyminan gewürzte Streichwurst, die es geräuchert wie ungeräuchert gibt und die ebenso schmackhaft ist wie ihr Inhalt undokumentiert. Wikipedia

Typisches Braunschweiger Essen? Gibt es – es nennt sich Döner. Zumindest lässt die Dominanz von türkischen Schnellimbissen im gesamten Stadtgebiet auf die Beliebtheit dieser Speisen bei dem typischen Braunschweiger schließen. Für die Verächter fleischlicher Genüsse wird Falafel angeboten. Dabei sind die Kichererbsenklopse natürlich gar nicht anatolischen Ursprungs, sondern kommen aus dem arabischen Raum, aus Palästina und dem Libanon. Da wir Deutschen jedoch nicht in der Lage sind, Türken, Kurden, Araber und Perser zu unterscheiden, taten uns die Bewohner Anatoliens den Gefallen und ließen uns glauben, dass Falafel etwas typisch Türkisches seien. Eine verständliche Notlüge!

Natürlich kann man Döner und Falafel nicht im eigentlichen Sinne als traditionelle Braunschweiger Speisen bezeichnen, aber wartet nur ein Weilchen, dann gilt auch das Fleisch im Fladenbrot als eine bekannte »niedersächsische Spezialität morgenländischer Herkunft«. Ja, auch mit alles und mit scharf. Danke!

Und so weit sind die deutsche und die Küche des Nahen Ostens ja wirklich nicht voneinander entfernt. Wichtig ist in beiden Fällen, dass möglichst viele Tiere in kleine Stücke geschnitten werden. Der Braunschweiger macht daraus gerne Wurst. Als heimische Gemüsesorten gelten daher Spargel, Braunkohl und Brägenwurst, die allerdings seit dem BSE-Skandal ohne Hirn zubereitet wird – das bezieht sich natürlich auf die Zutaten, nicht auf die Köche.

Kartoffeln sind ebenfalls eine wichtige Zutat zur heimischen Küche. Sie dienen dazu, liebevoll auf den übergroßen Teller platziert und anschließend mit der Gabel beiseite geschoben zu werden, denn erst müssen ja der Spargel, der Braunkohl und vor allem die Brägen-

wurst verzehrt werden. Dann ist man satt. Zeit für ein Verdauungs-
schnäpschen. Zum Beispiel einen Jägermeister. Oder zwei. Oder
drei. Dann noch einen Korn hinterher. Und noch einen. Dann singt
man: »Alles hat ein Ende, nur die Wurst hat zwei.« Den (Heimbs-)
Kaffee lässt man aus und trinkt lieber noch ein Bier.

Der Braunschweiger mag es eben deftig. Auswärtige versetzt das
manchmal in Erstaunen. »Bohnen, einen Arm dicke, habe ich alle
Tage essen sollen«, schrieb der Dichter Christian Friedrich Gellert
im Jahre 1749 anlässlich eines Aufenthalts in Braunschweig, »aber,
Dank sey es meinem guten Geschmack, nicht angerührt...«

Auch der schon erwähnte Monsieur Stendhal konnte sich für die
hiesige Küche nicht erwärmen:

»Ich hatte mit einer warmen Mahlzeit gerechnet und hätte
zwölf Franken für eine heiße Tasse heiße Bouillon gegeben. Man
reichte nur Butterbrote und ›Bischof‹ (Orangensaft mit Wein).
Diese braven Deutschen essen vier bis fünf Butterbrote, trinken
zwei große Glas Bier und zuletzt einen Schnaps. Eine solche Le-
bensweise kann den lebhaftesten Menschen phlegmatisch machen. Mir raubt sie jeden Gedanken.
Außer dieser kleinen Mahlzeit, die einem in den Gasthöfen
angeboten wird, wenn man sehr früh oder sehr spät ankommt,
erhält man um ein Uhr ein Mittagessen, das heißt, eine Wein-
oder Biersuppe, gekochtes Fleisch, eine Riesenschüssel Sauer-
kraut (auch ein verdummendes Gericht), dann einen Braten
mit Krautwurzelsalat, glaube ich, der widerlich riecht und wohl
kaum nach Grünzeug; wenn dieses aufgetragen wird, ist es nur
in Wasser gekocht. Zu diesem Mahl, das man wütend verzehrt,
gibt es gepanschten Wein, der nach Zucker schmeckt, Burgun-
der heißt und 10-12 Gute Groschen kostet...«

Immerhin hat er anständige Butterbrote bekommen, Prinzessin
Augusta (wir haben sie schon im Zusammenhang mit dem Schloss
Richmond kennengelernt) wäre darüber sehr froh gewesen, wie
James Boswell 1764 zu berichten weiß:

»Zum Essen war ich beim Erbprinzen eingeladen. Die Prinzessin war überaus leutselig. Sie sprach ... ganz zwanglos ... frei von

der Leber weg, wie irgendeine junge Engländerin. >Ich kann hier am Morgen nicht einmal Butterbrot bekommen<, klagte sie. >Die Butter ist ranzig, und es gibt nur Schwarzbrot.<«

Dem kann ich mich nur anschließen: Schwarzbrot ist ein Nahrungs-, Weißbrot ein Genussmittel. Giacomo Casanova, der sich für eine Weile in Wolfenbüttel aufhielt, um die dortige berühmte Bibliothek zu nutzen, sah das genau so und sagte, dass »ohne die Nahrung durch die guten Bücher« ihn »die schlechte Kost dort umgebracht« hätte.

Gut also, dass wir heutzutage unsere türkischen und asiatischen Imbisse sowie unsere indischen und italienischen Restaurants haben. Ein Hoch auf die Völkerfreundschaft und den Erfinder des Falafels in der Teigtasche!

Mahlzeit!

TIPP: Gehen Sie doch einmal in die Karl-Marx-Straße. Dort gibt es eine kleine Pizzeria, über die es heißt, dass dort die Spargel-Pizza erfunden worden sei. Ob das stimmt oder nicht – der belegte Teigfladen hier ist super und sollte von jedem echten Braunschweiger einmal gekostet werden. Und wo gibt es auch sonst eine Pizza mit dem schönen Namen »Karl Marx«?

'N Döneken

Ganz ähnlich der braunschweigischen Küche kann auch die traditionelle braunschweigische Sprache als Ausdruck des sensiblen Wesens des hier geborenen, anmutigen Stadtbewohners verstanden werden. So sensibel und anmutig Menschen eben sind, die sich von Schlackwurst und Starkbier ernähren. Oder von ›Leewerwurst‹, wie hier die Leberwurst genannt wird. Da helfen auch keine ›vörzehn Kürschen‹ (Übersetzung: vierzehn Kirschen) und ›ölf Bürnen‹ (elf Birnen): ›Bräsig‹ bleibt ›bräsig‹ (doof bleibt doof).

Man merkt gleich: Der Braunschweiger liebt den exzessiven Genuss von Umlauten. Ö, Ü und Ä sind seine liebsten Buchstaben. Er benutzt sie bei jeder Gelegenheit. Eine Hose ist deshalb eine ›Büxe‹, Suppe ist ›Plürre‹, und Augen sind ›Klüsen‹. Stundenlang kann er ›Döneken‹ (Anekdoten) ›vertellen‹, was ›erzählen‹ heißt. Bei letzterem Wort hat er aus Versehen vergessen, den Umlaut einzubauen.

Daraufhin wird er ganz ›knörig‹ (schlecht gelaunt) und tritt vor Wut eine ›Töle‹ (Hund) oder schlägt einen ›Pöks‹ (Jungen). Eine ›tüddelige‹ (verwirrte) Oma sieht das und schimpft ihn einen ›Döskopp‹ und ›Dämlack‹ (Übersetzung unnötig). »Nöl hier nicht so rum!«, brüllt er sie daraufhin an. Er will ja nur, dass sie mit ihrem Gemecker aufhört.

Dann gehen sie zusammen in ein Gasthaus. »Mär dich mal aus«, sagt sie und meint: »Sag, was du auf dem Herzen hast.« Als er damit anfängt, hat sie schon nach zwei Minuten genug von dem Geheule. »Plärr hier nicht so rum!«, herrscht sie ihn deshalb an. Daraufhin kippen die beiden jede Menge Jägermeister und Wölters in sich rein, um sich ordentlich knülle (betrunken) zu machen.

Und am nächsten Tag schmerzt der ›Brägen‹ wie nichts Gutes. Prösterchen!

Tipp: Der wahre Braunschweiger Dialekt ist heute im Westlichen Ringgebiet zu finden. Hier mischt sich das ebenfalls Umlaut-verliebte

Türkisch mit den gutturalen Lauten der deutschen Eingeborenen. Um dies genauer untersuchen zu können, sollten Sie einmal eine kleine völkerkundliche Expedition dorthin unternehmen. Setzen Sie sich doch einfach in den Biergarten des wunderschönen Gambits und lauschen Sie den völkerverständigenden Gesprächen, die dort Tag und Nacht auf dem Frankfurter Platz zu hören sind.

Die dicken Kinder von Braunschweig sind traurig.

Seit 43 Jahren
Deutscher Meister

Bier, Braunkohl, Brägenwurst – der Beitrag Braunschweigs zum kulturellen Leben in Deutschland scheint eher bescheiden zu sein. Doch das ist ein Irrtum, zumindest dann, wenn man auch den Sport zu den alltagskulturellen Ausprägungen zählt. Denn schließlich – ich bitte um einen Tusch – ist Braunschweig die Wiege des deutschen Fußballs! Geboren wurde der germanische Breiten- und Hochleistungssport entweder im September oder im Oktober des Jahres 1874, da widersprechen sich die Quellen. Letztlich ist das aber auch nicht so wichtig, wie Kurt Hoffmeister in seinem Büchlein »Fußball. Der Siegeszug begann in Braunschweig.« schreibt:

> »Mit dem Fehlen einer verbürgten Geburtsstunde teilt das Fußballspiel das Los anderer Schicksalsstunden. Auch Jesus von Nazareths Geburtsdatum ist nicht genau bekannt. (Erst nach 354 n. Chr. riefen die Christen in Rom den 25. Dezember als Geburtstag Jesu aus).«

Immerhin kennen wir nun also das Jahr, in dem der Lehrer Konrad Koch einen aus England importierten Fußball in die Meute seiner bewegungsunwilligen, durch täglichen Fernsehkonsum träge gewordenen Schüler warf. Anfangs wussten diese damit noch gar nicht soviel anzufangen, und so wurde der Ball geschmissen, getreten und durch die Gegend geschleppt. Ab und zu rief ein Schüler »Mal! Mal! Maaal!« (erst viel später einigte man sich auf das weltmeisterberühmte »Tor! Tor! Tooor!«). Die Mannschaft, deren Spieler am lautesten schrien, hatte am Ende gewonnen. Man wusste bloß nicht, was.

So konnte das nicht weitergehen, weshalb Herr Koch 1875 die ersten Regeln festlegte. In der einen Variante durfte der Ball auch weiterhin wie bisher mit der Hand aufgenommen werden – in der zweiten, der Schlechtwetter-Variante, war nur das Spiel mit dem Fuß erlaubt, das Treten gegen das Schienbein jedoch ausdrücklich verboten. Da das Wetter in Deutschland so grottig ist, setzte sich die letztere schließlich durch. Das raue Klima war vielleicht auch verantwortlich für die Regel (d) der Gesundheitsvorschriften: »Es wird bei der Einrichtung des Spielplatzes dafür Sorge getragen, daß kein Schüler gegen Ostwind anzulaufen hat.« Verboten war es ausdrücklich auch, sich hinzulegen oder »müßig (zu) stehen«.

Auch die Abseitsregel fand schon Anwendung und wurde sogar weltweit übernommen. Hier zeigt sich ein spezifisch deutsches Talent: das Erlassen von mehr oder weniger unverständlichen Regeln, Verordnungen und Gesetzen.

Es dauerte jedoch einige Zeit, bis sich die anfangs als »englische Krankheit« und »Fußlümmelei« diffamierte Leibesertüchtigung durchsetzen konnte. 1882 spezifizierte Koch seine Regeln für den »Fußball ohne Aufnehmen« – das Spiel näherte sich im Laufschritt dem, was wir heutzutage unter Fußball verstehen.

Am 15. Dezember 1895 war es dann soweit. »Unser Eintracht« wurde als Fußball- und Cricket-Club Eintracht Braunschweig gegründet. Schon im Herbst desselben Jahres hatte es den Versuch gegeben, mit der Victoria einen Fußballverein in Braunschweig zu gründen. Der scheiterte daran, dass nur Schüler Mitglied werden durften, die Schulbehörden deren Mitgliedschaft jedoch ausdrücklich untersagten – eine in der Tat etwas ungünstige Situation. Kein Wunder, dass man sich bei der Gründung des neuen Clubs klüger verhielt und sich bemühte, einige angesehene Bürger zum Beitritt zu bewegen – was nicht ganz einfach war, weil Fußball bei den konservativen Turnern immer noch im Ruf eines Proletensports stand und als Vaterlandsverrat galt.

Und schließlich gab es für die deutsche Jugend doch viele andere schöne Spiele, z.B. »Sautreiben«, »Katz und Maus«, »Drittenabschlagen«, »Dreibeinlaufen«, »Räuber und Soldaten« und »Topfschlagen«. Das sollte doch genügen! Spätestens jedoch nachdem Herzog Johann Albrecht von Mecklenburg, Regent des Herzogtums Braunschweig, als erster deutscher Fürst überhaupt ein Fußballspiel besucht hatte, war ein wichtiger Schritt vom Volks- zum Nationalsport getan.

Anfangs zeigten sich die Braunschweiger auch gar nicht so entzückt von diesem Spiel – Passanten fühlten sich durch herumfliegende Bälle bedroht. Da nützte auch die überaus korrekte Spielkleidung nichts. Sie war ganz in blau gehalten, inkl. der Schirmmütze, die nur beim Kopfball abgenommen werden durfte.

Aber kommen wir zu den wirklich wichtigen Dingen im Braunschweiger Fußball: Der Feindschaft mit Hannover. Am 17. Juni 1900 fand das erste Spiel von Eintracht Braunschweig gegen den ein Jahr später gegründeten (Ha!) Verein Hannover 96 statt. Das Ergebnis: 11:1. Dabei hätte man es vielleicht bewenden lassen sollen, denn ein besseres Ergebnis wurde nie wieder erzielt. Schon im nächsten Jahr reichte es nur noch für ein 2:2.

Diese Pattsituation sollte wegweisend sein für die nächsten Jahrzehnte, auch wenn es immer wieder Spielergebnisse gab, die davon abwichen, wie z.B. eine herbe 0:7-Niederlage im Jahre 1908. Heute trennt die Eintracht und 96 ein reichlich übergroßer Zwei-Ligen-Graben, der nur gelegentlich im DFB-Pokal überwunden werden kann – ein äußerst selten stattfindendes Lokalderby also, das aber um so mehr Begeisterung hervorzurufen weiß. Besonders dann, wenn die Eintracht auch noch gewinnt.

Wichtiger als Meisterschaften zu erringen, war es eben immer, die Hannoveraner zu besiegen und möglichst auch zu demütigen. Letzteres gelang 1935 in überraschender Weise: Hannover 96 wurde von den Vorgesetzten des deutschen Fußballverbandes gezwungen, im Eintracht-Stadion gegen Schalke 04 zu spielen. Die kuriose Begründung: Das Spiel müsse schließlich »in heimischer Umgebung« stattfinden. Kein Wunder, dass Hannover verlor!

1963 begann dann Eintrachts größte Zeit, denn der DFB entschloss sich, die Bundesliga zu gründen – und die Eintracht mitspielen, Hannover 96 jedoch vorerst außen vor zu lassen. In der Stadt an der Leine greinen sie noch heute. Und die deutsche Presse spottete und sprach vom Braunschweiger »Bauern-Fußball«.

Zu aller und auch der eigenen Überraschung folgte 1967 der absolute Höhepunkt der Vereinsgeschichte. Eintracht Braunschweig wurde Deutscher Meister! Und wenn man ganz genau hinhört, kann man immer noch das Echo der Jubelfeier erlauschen, das in den Straßen und Gassen der Stadt widerhallt ...hallt ...hallt. Auch wenn man es sich nicht nehmen ließ, ausgerechnet in dieser Saison zweimal gegen die mittlerweile ebenfalls in der Bundesliga kickenden Hannoveraner zu verlieren. Standesgemäß wurde das »Team ohne

Stars« übrigens in Käfer-Cabrios im Triumphzug durch die Stadt gefahren.

Der Schriftsteller Axel Hacke meint sich daran erinnern zu können, dass in der überregionalen Presse die Meinung vertreten wurde, dass es sich bei der Eintracht um den »schwächsten deutschen Meister« handele, »den es je gab«. Aber ich denke, dass ihm da sein Gedächtnis einen Streich spielt, es ist ja auch schon lange her. Und dass nie ein Deutscher Meister weniger Tore geschossen hat (49), wird dadurch aufgewogen, dass auch nie einer weniger kassiert hat. Wichtiger ist ohnehin, dass in jenen Tagen nicht ein einziger Spieler vom Schiedsrichter des Platzes verwiesen werden musste und dass Helmut Johannsen sieben Jahre lang Trainer war. Bedenkt man, dass die durchschnittliche Halbwertzeit in diesem Beruf heutzutage bei geschätzten sieben Monaten liegt, ist das eine Ewigkeit und sogar noch ein bisschen länger.

In der Saison 1972/73 dann der Supergau. Die Eintracht stieg in die 2. Bundesliga ab – und Schuld daran war ausgerechnet der direkte Konkurrent aus der »Seuchenstadt« Hannover. Das gab einer alten Feindschaft natürlich neuen Schwung!

Auch ein Mythos in der Vereinsgeschichte: 1973 war die Eintracht fast pleite und sanierte sich dadurch, dass sie im deutschen Fußball die Trikot-Werbung einführte. Ein schmucker Hirsch schmückte fortan die Sporthemden der Spieler – damals galt das als Sündenfall, heute ist es »Kult«. Dass der Verein aber in den 80er Jahren in BTSV Jägermeister umbenannt werden sollte, ging den Verantwortlichen im DFB dann doch zu weit. Da konnte sich Günther Mast, der Vereins-Präsident und Jägermeister-Produzent, nicht durchsetzen.

Das war recht undankbar, denn immerhin hatte Mast damals Paule Breitner an die Oker geholt, auch wenn dieser schon bald wieder ging, um in München erfolgreich zu sein. Jahre später beschimpfte er den Braunschweiger Verein als »Tante-Emma-Laden«, in dem »amateurhafte Gepflogenheiten« herrschten. Tatsächlich sollen sich einige Spieler geweigert haben, dem Superstar den Ball zuzuspielen. Was der Torausbeute sicherlich nicht dienlich war.

1992/93 dann wieder ein historischer braunschweigisch-hannöverscher Zusammenstoß in der 2. Bundesliga. Die Eintracht drohte abzusteigen und trat am letzten Spieltag gegen Duisburg an. Und ausgerechnet Hannover musste gegen den anderen Abstiegskandidaten St. Pauli spielen und verlieren, damit Braunschweig abstieg. Die Freude im Fanblock der Hannoveraner war daher groß, als die Hamburger endlich ihren Siegtreffer schossen. Eine eigene Niederlage ist eben locker zu verschmerzen, wenn dadurch der Erzfeind noch viel mehr getroffen wird.

1998 dann ein weiterer Baustein in der Mauer zwischen Hannover und Braunschweig: 96 besiegte die Eintracht mit 1:0 und war damit norddeutscher Meister (mittlerweile waren beide Vereine in der Regionalliga angekommen, die Ansprüche also niedriger). Anschließend ging es für Hannover bergauf, für Braunschweig bergab, bis man im Jahre 2003 wieder aufeinander traf, diesmal im DFB-Pokal. Zwei Spielklassen trennten die Mannschaften mittlerweile voneinander – und ein Wunder geschah: Die Eintracht siegte mit 2:0.

Angesichts dieser Geschichte ist es vielleicht kein Wunder, dass schon die Ankündigung, man könnte ja mal ein »Freundschaftsspiel« zwischen Hannover und Braunschweig veranstalten, heutzutage für große Unruhe in der Fankurve sorgt. Zwischen Todfeinden gibt es keine Freundlichkeit!

P.S. Die Betriebsmannschaft des VfL Wolfsburg ist aufgrund mangelnder Tradition nicht satisfaktionsfähig und findet daher an dieser Stelle keine weitere Erwähnung.

Tipp: Eintracht Braunschweig war mal Deutscher Meister – doch das ist mittlerweile über 40 Jahre her. Die derzeit sportlich erfolgreichste Mannschaft der Region dürfte dagegen das Football-Team der Braunschweig Lions sein: Immerhin waren die Lions etliche Male Deutscher Meister und Eurobowl-Sieger. Auch wenn das Herz der Braunschweiger an ihrem Sorgenkind Eintracht hängt, zieht inzwischen durchaus der eine oder andere sportbegeisterte Löwenstädter den Besuch eines Lions-Spiels in Erwägung. Die finden sogar im selben Stadion statt, man muss sich da also gar nicht groß umorientieren.

Die niedersächsische Serengeti darf nicht sterben, denn hier kann man den König der Tiere noch in freier Wildbahn erleben.

Die verbotene Stadt

Ich erwähnte es bereits: Der gebürtige Braunschweiger ist in der Regel kein schöner Anblick. Seine Gesichtszüge sind verhärmt, seine Schultern hängend und sein Rücken gebeugt.

Das liegt daran, dass er einen Minderwertigkeitskomplex hat, weil er nicht in Hannover wohnt. Hannover ist nämlich nicht nur Landeshauptstadt, sondern hat auch mehr Einwohner, die erfolgreichere Fußballmannschaft, die größere Uni, die breitere Straßenbahn, einen richtigen Flughafen, die tolle Oper – und auch weltbewegende Ereignisse wie die Expo und die Chaostage fanden immer an der Leine statt, niemals an der Oker. Oh, glückliches Hannover!

Dabei sind Hannover und Braunschweig ansonsten äußerlich kaum zu unterscheiden. Verbinde einem Braunschweiger oder einem Hannoveraner die Augen und setze ihn in der jeweiligen Nachbarstadt aus – er wird Stunden brauchen, um zu bemerken, dass sich seine Wohnung 60 Kilometer weit weg befindet.

Warum also dieser Hass? Weil das schon immer so war – ja, das könnte ein Grund sein. Weil's Spaß macht – ja, auch da ist etwas dran. Weil man ja irgendwen hassen muss – auch das entbehrt vielleicht nicht einer gewissen Grundlage.

Aber eventuell steckt noch mehr dahinter. Begeben wir uns also in die Niederungen der Geschichtswissenschaft und lenken unseren Blick auf das finsterste Mittelalter. Damals begannen die Okerstädter ihr eigenes Grab zu schaufeln, indem im Jahre 1241 der Braunschweiger Herzog Otto Hannover das Stadtrecht verlieh, als ob er nicht gewusst hätte, dass damit der Anfang vom Ende gemacht würde und Hannover 96 der Braunschweiger Eintracht eines Tages eine demütigende 0:7-Niederlage zufügen wird. Angeblich nennen Eingeweihte ihn seitdem auch Otto den Bekloppten.

Dabei war Braunschweig damals noch die siebtgrößte Stadt Deutschlands. Stolze 20.000 Menschen tummelten sich in der Metropole an der Oker! Es sah auch alles ganz gut aus am Anfang, und man tat, was zu tun war: 1247 trat Braunschweig der Hanse (einer

Art Ur-EU) bei, und 1283 vertrieb man die Welfen-Herzöge aus der Stadt, die von da an in dem ehemaligen Fischerdorf Wolfenbüttel residieren und vegetieren mussten.

Doch dann nahm das Unglück seinen Lauf: Aus kaum noch nachvollziehbaren familiengeschichtlichen Gründen heraus spaltete sich das braunschweigische Herrschergeschlecht der Welfen in eine hannoversche und eine braunschweigische Linie. Wären die Welfen so schlau gewesen, Deutschland so aufzuteilen, wie es die Albrecht-Brüder getan haben – nämlich in Aldi Nord und Aldi Süd – sähe es heute vielleicht besser aus in Deutschland. Zumindest wären Wolters und Feldschlößchen, Lindener und Herrenhäuser überall in unserem Lande erhältlich. Wahrscheinlich sogar bei Aldi.

Stattdessen versuchte man ständig, feindliche Übernahmen zu bewerkstelligen. Zum Beispiel 1692. In diesem Jahr zeigte Ernst August seinen Braunschweiger Verwandten was eine hannoversche Harke ist und ließ sich zum deutschen Kurfürsten machen. Wer will es da dem Herzog Anton Ulrich verdenken, dass er Pläne schmiedete, mit Hilfe Frankreichs Hannover zu erobern? Diese wurden jedoch vereitelt, indem Hannover im Bündnis mit Celle Braunschweig-Wolfenbüttel attackierte – Angriff ist eben doch die beste Verteidigung. Der Sieg kam schnell, und auch wenn die Besatzer bald wieder abzogen, saß Braunschweig trotzdem fortan in der Klemme bzw. zwischen Hannover und Preußen.

Napoleon, der freundliche Eroberer aus unserem Lieblingsnachbarland, war dann bemüht, ein bisschen Ordnung in das deutsche Kleinstaaten-Chaos zu bringen und schuf das Königreich Westfalen. Und einer seiner zahllosen Verwandten wurde auf den Thron in Kassel ge-, bald aber schon wieder abgesetzt. Das, was die norddeutschen Sturköppe getrennt haben, soll der Kaiser eben nicht wieder zusammenbringen, zumindest kein französischer. Das Königreich Westfalen war schon bald Geschichte, und der Königstitel ging anschließend nach Hannover. Braunschweig blieb Herzogtum und zweitklassig.

Fast wäre es dann aber doch noch so weit gekommen, dass Hannover und Braunschweig wiedervereint worden wären, denn schon bald herrschte ein akuter Thronfolger-Mangel an der Oker. Stattdessen wurde jedoch ganz einfach ein elfjähriger auf den viel zu großen Tripp-Trapp-Thronstuhl gesetzt. Auf vorbildliche Weise gelang es dem kleinen Trotzkopf, sich in allen Kreisen unbeliebt zu machen. Nur seine späteren Geliebten wussten ihn zu schätzen.

1830 vertrieb man Karl II., der nach seinem mythischen Schatz »Diamantenherzog« genannt wurde, aus der Stadt und steckte bei der Gelegenheit auch noch gleich das sowieso renovierungsbedürftige Schloss in Brand. Adel und Militär hielten sich vornehm zurück. Sie wollten sich wohl nicht die Hände schmutzig machen für ihren ungeliebten Landesherren, waren vielleicht auch ganz froh, ihn los zu sein.

Hannover und Braunschweig pflegten ihre Feindschaft auch in den folgenden Jahren, traten verschiedenen Zollvereinen bei und nutzten jede Gelegenheit, sich gegenseitig ein bisschen an der Grenze zu schikanieren. Man hatte wohl gerade nichts Besseres zu tun.1866 durfte man in Braunschweig noch mal jubeln. Preußen eroberte Hannover und degradierte die Stadt zum Sitz der Provinzverwaltung. Doch dort wusste man auch aus dieser misslichen Lage noch Profit zu ziehen und nutzte die Vereinnahmung durch den größten der deutschen Kleinstaaten geschickt aus, indem man sich zur norddeutschen Metropole aufschwang.

Hatte Braunschweig eben noch (1838) die erste Staatseisenbahn Deutschlands gebaut, wurden nämlich die nächsten wichtigen Trassen an der Stadt vorbei gelegt, auch die Ost-West-Strecke Berlin-Hannover führte nicht durch Braunschweig.

Selbstverständlich wurden auch die Nazis, wie üblich, ihrem Ruf als Minuskumpel gerecht und schufen den Gau Südhannover-Braunschweig – mit Sitz in Hannover. Die Bundesrepublik sorgte ebenfalls dafür, dass Braunschweig Provinz blieb und schuf das Land Niedersachsen – mit der Landeshauptstadt Hannover.

Die Braunschweiger gerieten also in jeder Hinsicht ins Abseits. Wo sie bis heute stehen und grummeln.

Tipp: Trauen Sie sich! Machen Sie doch mal einen Tagesausflug an die Leine. Die Grenze gibt es nicht mehr, und Sie werden sehen, dass auch dort Menschen leben.
Fast so wie hier.

Die Welfen als
Hochleistungsherrscher

Ich verstehe vom Regieren wenig oder gar nichts.
Friedrich Wilhelm von Braunschweig-Wolfenbüttel

Adolf August Wilhelm Breymann wurde in Mahlum im Kreis Gandersheim geboren und verstarb in Wolfenbüttel. Das war aber nicht seine einzige Leistung, denn er war auch Bildhauer. Als sein Hauptwerk gilt das Standbild Heinrichs des Löwen für den Heinrichsbrunnen auf dem Hagenmarkt. Versuchen Sie bitte, sich das Gesagte zu merken und wenn Sie das nächste Mal auswärtige Gäste durch die Stadt führen, wiederzugeben. Es wird vermutlich niemanden groß interessieren, aber man wird von Ihrer Sachkenntnis beeindruckt sein.

Auch Eduard Flechsig gehört in die Riege der Braunschweiger Semiprominenten. Er war stets eine nützliche Stütze der Gemeinschaft und überhaupt recht cool. 1892 promovierte er deshalb über »Die Dekoration der modernen Bühne in Italien«. Immer wenn ich mich über die Dekoration der modernen Bühne im Italien des 19. Jahrhunderts informieren will, schlage ich da nach. Karl Ludwig Häberlin kann da nicht mithalten, obwohl auch er Bücher geschrieben hat, niemals jedoch über die Dekoration der modernen Bühne in Italien, was ich sehr schade finde, dann könnte ich auch noch ein anderes Werk, das sich mit diesem komplexen Thema befasst, zu Rate ziehen.

An der Planung der Soleleitung von Reichenhall nach Traunstein sowie an der Herstellung des Schleißheimer Schlossgrundrisses beteiligt war Tobias Volckmar. Er findet hier Erwähnung, weil er 1550 in Braunschweig geboren wurde. Später zog er in den süddeutschen Raum. Sie brauchen ihn sich also *nicht* weiter zu merken.

Was Sie Ihren Gästen dagegen auch noch erzählen können: Das braunschweigische und hannöversche Herrschergeschlecht der Welfen behauptet von sich, das »nachweislich älteste Fürstenhaus Europas« zu sein. Das könnte sogar stimmen, allerdings verliert sich der Ursprung dieser Sippe im mythischen Dunkel. Ahnherr soll ein gewisser Edekon gewesen sein, angeblich ein Fürst der Skiren, eines quer durch Europa marodierenden germanischen Stamms. Vielleicht war er aber auch ein Hunne oder ein Skythe, so genau hat man da in der Zeit der Völkerwanderung nicht hingeguckt. Außerdem war er vermutlich ein enger Vertrauter des Hunnenkönigs Attila, was vielleicht die schlechten Manieren erklärt, die den Welfen bis heute nachgesagt werden.

Namensgeber der Welfen war, na klar, Graf Welf I., dessen Existenz auch tatsächlich überprüfbar ist. Seine direkten Nachfahren hießen praktischerweise Welf II. bis Welf IV. Wie schon im vorigen Kapitel angedeutet, begannen die Welfen aber schon bald, sich ausgedehnten Familienstreitigkeiten hinzugeben.

Hier eine kleine Auflistung der wichtigsten Welfen:

Heinrich der Löwe wurde zwischen 1129 und 1135 am Bodensee geboren, vermutlich in Ravensburg, und starb 1195 in Braunschweig. Als Heinrich III. war er Herzog von Sachsen und als Heinrich XIII. auch Herzog von Bayern. Einen Großteil seines Lebens verbrachte er damit, sich mit anderen Fürsten, vor allen den Staufern, zu balgen und Feldzüge gegen Slawen zu führen. Weitere Großtaten: Er ließ den Braunschweiger Löwen anfertigen, die Burg Dankwarderode bauen und damit beginnen, den Dom zu errichten. In diesem – zum Zeitpunkt seines Begräbnisses noch unfertigen Gebäude – soll er auch begraben worden sein, weshalb die schon erwähnten braunen Machthaber ihn zu einer Weihestätte umbauen wollten. Arnold von Lübeck kommentierte Heinrichs Ableben folgendermaßen:

»Zur selben Zeit starb der berühmte Herzog Heinrich in Braunschweig. Er hat durch all seine Arbeit, die er unter der Sonne gehabt hatte, nichts erreicht als ein recht sehenswürdiges Grab, in welchem er mit seiner Gemahlin Mechthilde in der Kirche des Heiligen Bischofs und Märtyrers Blasius beigesetzt wurde.«

Sein Sohn, Otto IV. (1175/76 bis 1218) versuchte sogar, einen auf Kaiser zu machen, scheiterte jedoch kläglich – vor allen Dingen deshalb, weil er sich in den schon bekannten Streitereien mit den Staufern verzettelte.

Ruhmreich waren auch die Taten von August dem Jüngeren (1579 -1666), der im Ruf stand, ein echter Bücherwurm zu sein und in Wolfenbüttel eine seinerzeit berühmte und immer noch existierende Bibliothek errichten ließ. Als eine weitere humanitäre Großtat galt damals die Hinrichtung von 40 Menschen unter dem Vorwurf, sie seien Hexen.

Auch nicht von schlechten Eltern war Anton Ulrich von Braunschweig-Wolfenbüttel (1633-1714), der ein typischer Vertreter des Barockzeitalters und der aufgeklärt-absolutistischen Monarchie war. Mitbestimmung des Volkes war noch unbekannt, aber die Untertanen durften ihre Meinung sagen – vorausgesetzt, sie entsprach den Ansichten des jeweiligen Herrschers. Kein Wunder also, dass er auch als Lyriker und Romanautor Erfolge feiern konnte (»Die durchlauchtige Syrerin Aramena«, »Churfürstliches Davids-Harfenspiel«). Ludwig Ferdinand Spehr vermerkt im Jahre 1875 zu diesen Werken:

»Breit in der Anlage, weitschweifig in der Durchführung, steif pedantisch und gesucht im Stil, kann ihnen dennoch eine künstlerische Gestaltung und Lebendigkeit nicht abgesprochen werden.«

Der zweite Halbsatz überrascht wohl am meisten an diesem Urteil. Seine weiteren Glanztaten waren der Bau eines kostenintensiven Opernhauses in Braunschweig und die Errichtung eines Schlosses in Salzdahlum, das er sich eigentlich nicht leisten konnte, weshalb er es aus Holz zimmern ließ. Den Rest des Staatshaushaltes verjuxte er mit großangelegten Feierlichkeiten, in deren Mittelpunkt – Bescheidenheit ist eine Zier – er selbst stand.

Auch Karl Wilhelm Ferdinand von Braunschweig-Wolfenbüttel (1735-1806) leistete viel. So hatte er z.B. während des ersten Koalitionskrieges gegen das revolutionäre Frankreich den Oberbefehl über die preußischen und österreichischen Truppen. Im »Manifeste de Brunswick« kündigte er an, Paris besetzen und plündern zu lassen, falls der Familie König Ludwig XVI. auch nur die »geringste Beleidigung« zuteil werden würde. Damit entfachte er ungewollt den revolutionären Eifer des französischen Volkes und sorgte dafür, dass das Ende der Monarchie in Frankreich eingeleitet wurde. Auch

eine strategisch eigentlich nur unbedeutende Schlacht, die Kanona-
de von Valmy, verlor er souverän und zeigte damit den französischen
Truppen, dass auch sie gewinnen können.

Die Franzosen dankten ihm dieses Engagement, indem Braunschweig seitdem zu den wenigen deutschen Städten gehört, die eine
eigene französische Bezeichnung haben: Brunswick.

Seltsamerweise war Karl Wilhelm Ferdinand einmal von Friedrich dem Großen als »der größte preußische Feldherr des ausgehen-
den 18. Jahrhunderts« bezeichnet worden, weshalb man ihn später
als Oberbefehlshaber reaktivierte. Er blieb sich jedoch treu und mili-
tärisch erfolglos. Seine letzte Niederlage wurde die Schlacht bei Jena
und Auerstedt. Hier holte er sich eine Augenverletzung, an deren
Folgen er schließlich verstarb.

Sein Sohn, Friedrich Wilhelm von Braunschweig-Wolfenbüttel
(1771-1815), war bei dieser Schlacht anwesend und fühlte sich dadurch ermuntert, in die Fußstapfen seines Vaters zu treten – was ihm
auch alles in allem sehr gut gelang. Ihm war es zu verdanken, dass die
Franzosen Lübeck einnehmen konnten, weil er anstatt das ihm von
Marschall Blücher anvertraute Stadttor zu verteidigen, indem er sich
dahinter verschanzte (dazu hat man ja Verteidigungsanlagen), einen
tollkühnen Ausfall wagte und den Angreifern entgegenritt.

Sein Erbe konnte er auch nicht antreten, denn das Herzogtum
Braunschweig-Wolfenbüttel war dem Königreich Westphalen zuge-
schlagen worden, an dessen Spitze Jérôme stand, der Bruder Napoleons.

Im Exil stellte der Welfe deshalb ein Freikorps auf, mit dem er
gegen Frankreich in den Krieg ziehen wollte. Dieses »Herzog-
lich Braunschweigische Korps« wurde wegen seiner überwiegend
schwarzen Uniform auch »Schwarze Schar« genannt und zog im
Jahre 1809 von Böhmen quer durch Norddeutschland, nahm dabei
Dresden, Leipzig und Halberstadt ein, plünderte und erpresste die
Städte und lieferte sich bei Ölper ein Scharmützel mit den westfä-
lischen Truppen. Dieses Gefecht gewann er zur Überraschung aller Beteiligten, möglicherweise weil die Westfalen die zahlreichen
Schaulustigen für Freiwillige hielten, die auf Seiten des Schwarzen
Herzogs mitkämpfen wollten, was keineswegs der Fall war: Wie
Schulkinder, die sich auf dem Hof eine Hauerei anschauen, wollten
sie nur einen guten Kampf sehen. Der Schwarzen Schar gelang die

Flucht nach Brake, wo sie sich nach England einschiffen konnte. Dort wurden die 2300 Soldaten in die »Deutsche Legion« eingegliedert und nach Portugal und Spanien verschafft. Mittlerweile war der Herzog zum Volkshelden avanciert.

Im Jahre 1813 formierte Friedrich Wilhelm seine Truppen neu, kam allerdings nicht mehr dazu, den Sieg über Frankreich zu genießen, da er zwei Tage vor der Schlacht bei Waterloo (1815) bei Quatre-Bras in Belgien erschossen wurde. Seine Soldaten erreichten Braunschweig erst im Januar 1816. Viele waren es nicht mehr, denn die meisten waren mit dem Schlachtruf »Sieg oder Tod« auf den Lippen auf der Strecke geblieben.

Die Überlebenden hatten jedoch die Ehre als »Braunschweigisches Husaren-Regiment Nr. 17« und »Braunschweigisches Infanterie-Regiment Nr. 92« in die regulären Truppen übernommen zu werden. An der Mütze trugen sie weiterhin ihren berühmten Totenkopf mit den zwei Knochen. Der republikanische Schriftsteller Ludwig Börne zeigte sich bei einem Besuch in der Stadt von diesem Emblem sehr angetan:

> »Hier sind eine Art Soldaten, schwarz wie die Leichenbitter gekleidet. Das gefiel mir. Soldaten sollten alle so malerisch gekleidet sein. Es ist nichts lächerlicher, als wenn solche Totengräber sich weiß, blau, rot und gülden anputzen, als seien sie Hochzeitsgäste.«

Dem ist nichts mehr hinzuzufügen.

Tipp: Zum Sightseeing-Pflichtprogramm in Braunschweig gehört natürlich auch ein Besuch des Braunschweiger Doms. Absolut sehenswert ist hier vor allem die Krypta, in der einige der wichtigsten Welfen ruhen und wo sich auch eine von den Nazis errichtete Ruhmeshalle befindet, über deren Eingang ein von Arno Breker gestalteter Löwenkopf zu sehen ist.

Von Feen, Köchen
und Terroristen

Hannover mag Braunschweig einiges voraus haben – aber das gilt zum Glück in guten Dingen genauso wie in schlechten. Die Stadt an der Leine hat nämlich die peinlichste Rockband der Republik, die Scorpions, hervorgebracht. Braunschweig ist dagegen von solchen Schandtaten bisher verschont geblieben. Allerdings behaupten nicht wenige, dass es nicht eine einzige Band geschafft hat, außerhalb der Stadtmauern Gehör zu finden. Aber das stimmt natürlich nicht. Die Punk-Band Daily Terror trat immer wieder auch in anderen Städten auf – im Grunde genommen sogar nur da, denn die Band war hier ein wenig verschrien, da sie während einer relativ kurzen Periode ihres jahrzehntelangen Bestehens Kontakte zu rechtsextremen Skinheads pflegte bzw. vor diesen auftrat.

Das nahm man ihr verständlicherweise ein wenig übel. Immerhin konnte sich Daily Terror später rehabilitieren und genießt immer noch und vielleicht gerade jetzt – nach dem frühen Tod ihres Sängers Pedder Teumer – hohes Ansehen, zudem sie echte Lokalpatrioten und eingefleischte Eintracht-Fans waren.

Doch berühmt geworden ist Braunschweig natürlich nicht als Hochburg des Punkrocks, obwohl es hier seit Anbeginn der Zeiten stets eine große und lebendige Szene gab, sondern als Brutstätte des germanischen HipHops. Hier und in der Schwabenmetropole Stuttgart wurde der deutschsprachige Sprechgesang geboren. Such A Surge tummelten sich zu ihrer Zeit sogar in den Charts und haben mit »Gegen den Strom« einen Crossover-Klassiker geschaffen. Aber auch State of Departmentz und vor allem die großartigen Phase V sollten nicht vergessen werden. Legen wir deshalb an dieser Stelle eine kleine Gedenkminute für sie ein.

...

Danke, das reicht.

Doch davon abgesehen ist es auffällig, dass Braunschweig kaum popmusikalische Berühmtheiten beherbergt. Anders gesagt: Wer berühmt ist, verlässt Braunschweig. Wer berühmt werden will, auch. Der Umkehrschluss: Wer hier bleibt, bleibt unbekannt oder verliert seine kurzfristig erworbene Berühmtheit wieder. Beispiel-Band: FEE, die am Anfang ihrer Karriere einen noch alberneren Namen trug (»Holde Fee«!), und mit »Amerika«, »Schweine im Weltall« und »Mach dich lieber anders tot« einige Viertelhits aufzuweisen hatte, auch wenn heutzutage zur Neuen Deutschen Welle – zu der sie seinerzeit gerechnet wurde – den Leuten immer nur Trio, Nena, Markus, Ideal, Fehlfarben und die Spider Murphy Gang einfallen.

Aber so ist das nunmal, die Welt ist ungerecht und hässlich – Braunschweiger Musiker sind dagegen schön, meistens aber nicht allzu lange. Dann sind sie nämlich keine Braunschweiger Musiker mehr, sondern Berliner. Jüngster Beleg für diese These: Bosse.

Die Ausnahme ist die Jazzkantine, die seit Jahr und Tag in Braunschweig steht. Und solange es zwischen ihr und dem Staatstheater eine so fruchtbare Zusammenarbeit gibt, sind Befürchtungen, dass die Musiker dieser Tanzkapelle in einer anderen Stadt ihr Küchenzelt aufschlagen könnten, wohl unbegründet.

Das bedeut allerdings auch, dass der Aufgabenbereich einer Hofkapelle schon besetzt zu sein scheint. Dass dieser Posten auch gar nicht unbedingt erstrebenswert sein muss, wird sich im nächsten Kapitel zeigen.

Tipp: Irgendwann Anfang der 90er sah ich eine noch recht unbekannte Band auf dem 1. Mai-Fest auf dem Löwenwall spielen. Such A Surge hieß die Tanzkapelle – wenige Wochen nach ihrem Auftritt waren sie berühmt. Und das ist doch das Schönste: Wenn man Gruppen noch in ihren Anfangstagen gesehen hat. Deshalb muss es gar nicht immer ein Megaevent sein, zu dem man geht – der Besuch eines Nachwuchsfestivals, eines Konzertes in einem örtlichen Jugendzentrum oder einer kulturellen Gemischtwarenhandlung (z.B. die »KaufBar« in der Helmstedter Straße) reicht oft aus, um den heißesten Scheiß in der Stadt frühzeitig kennen- und lieben zu lernen.

Jaulende Hunde,
singende Herzöge

Fußball und Bier – also Hochkultur sieht anders aus. Hat denn Braunschweig gar nichts zu bieten in dieser Richtung? Aber natürlich! Immerhin wurde hier Goethes »Faust« uraufgeführt. Im Jahre 1829 war das, also quasi gestern. Schuld war wieder einmal der schon erwähnte Herzog Karl II., der als ein großer Kunstfreund galt, auch wenn das dem Theaterdirektor Ernst August Friedrich Klingemann gar nicht *so* recht war, denn Kalle mischte sich immer wieder in die Angelegenheiten des Theaters ein. So beschuldigte er Klingemann, den Goetheschen »Faust« nur darum nicht aufzuführen, weil er sich vor einem direkten Vergleich mit seiner eigenen Version – auch er hatte den Stoff bearbeitet – fürchte. Der Theaterdirektor entschloss sich daher, dem Herzog zu zeigen, was eine Harke ist, und Goethes »Faust«, von dem bisher nur einzelne Szenen gezeigt worden waren, in Gänze aufzuführen. Bedenkt man den Siegeszug des Stückes, der hier seinen Anfang nahm, war dies sicherlich keine ganz schlechte Idee.

Auch der berühmte Geiger, Dirigent und Komponist Louis Spohr weiß ein Lied vom Leiden am Hofe zu singen:

»Diese Hofconcerte bei der Herzogin fanden in jeder Woche ein Mal statt und waren der Hofkapelle im höchsten Grade zuwider, da nach damaliger Sitte während der Musik Karten gespielt wurde. Um dabei nicht gestört zu werden, hatte die Herzogin befohlen, daß das Orchester immer ›piano‹ spiele. Der Kapellmeister ließ daher Trompeten und Pauken weg und hielt streng darauf, daß nie ein »forte« zur Kraft kam. Da dies in Symphonien, so leise auch die Kapelle spielte, nicht immer ganz zu vermeiden war, so ließ die Herzogin auch noch einen dicken Teppich dem Orchester unterbreiten, um den Schall zu dämpfen. Nun hörte man das ›ich spiele, ich passe‹ u.s.w. allerdings lauter als die Musik.«

Das war im Jahre 1805 – noch vor der Herrschaft des Diamanten-herzogs. Die Welfen scheinen sich also in ihrem Kunstverständnis nicht wesentlich voneinander unterschieden zu haben. Daher noch einmal zurück zu Karl I., von dem Heinrich Laube im Jahre 1834 Folgendes zu berichten weiß:

> »Der schöne Herzog Karl v. Braunschweig hatte es redlich ver-dient, daß man ihn aus seiner Väter Schloß vertrieb: er brachte seine Hunde mit in's Theater und zwickte sie in den Schwanz, daß sie Bravo heulten, er trat die Gesetze mit Füßen, er betrog die Seifensieder und Tischler, er haßte die Leute, welche viel Vermögen hatten, und confiscirte es, er spielte wie Nero Komö-die ...«

Und in der ehrwürdigen »Gartenlaube« war etliche Jahre später folgender Erlebnisbericht eines Mitglieds der Hofkapelle zu lesen:

> »Im Residenzschlosse befand sich ein genaues Verzeichniß der Namen und Wohnungen der Musiker. Verspürte seine Durch-laucht Neigung, Musik zu hören, oder aber mit Orchesterbe-gleitung zu singen, so wurden Eilboten ausgesandt, um die Ca-pelle in's Schloß zu befehlen, ja dieselbe aus den Betten zu holen, wenn die Nacht bereits vorgeschritten war. Waren die Wünsche Seiner Durchlaucht erfüllt, so ward den Versammelten ein Sou-pé servirt, nach dessen Beendigung sie nach Hause gehen und weiter schlafen durften.
> Auch im Theater empfand der Herzog oft Neigung, nach Be-endigung der Vorstellung noch irgendein Musikstück zu hören, oder irgend eine Nummer zu singen, wie z.B. die Barcarole aus der ›Stummen von Portici‹, die ihm besonders zusagte. In die-sem Falle ward nach dem Niederlassen des Vorhanges den Ca-pellisten durch den Orchesterdiener mitgeteilt, daß sie noch zu bleiben und das Haus nicht zu verlassen hätten. Das gelang aber nicht immer. Die Musiker waren auf ihrer Hut, und zeigte sich etwas Verdächtiges, so sah ihr Aufbruch einer wilden Flucht ähnlich. So schnell wie möglich packten sie ihre Instrumente zu-sammen und verschwanden, ehe die Botschaft sie zu erreichen vermochte. Wer aber nicht rasch genug entweichen konnte und

gefaßt wurde, der mußte seine Sehnsucht nach dem häuslichen Herde zurückdrängen und auf seinem Platze verharren.

Dann hob sich der Vorhang wieder; der Herzog trat aus seiner Loge auf die Bühne, gab dem Capellmeister die nöthige Weisung und hörte oder sang, wie es ihm gerade Vergnügen machte, wobei er manchmal die Manieren seiner Opernmitglieder geschickt copirte oder travestierte. (...) Ja, er blieb sogar guter Laune, als ein auf Rädern ruhender Nachen, in den er sich gestellt hatte, plötzlich – ob absichtlich, ist nicht enthüllt worden – fortgezogen wurde und er so sehr das Gleichgewicht verlor, daß er sich auf dem Podium liegend wiederfand.«

So etwas kann nicht lange gut gehen:

»Der Eklat erfolgte bei Rossinis Oper ›Othello‹, als die wütenden Bürger Braunschweigs gegen diese Herrschaft aufbegehrten.

Steine wurden gegen die Equipagen geworfen, der einstige Liebling der Braunschweiger, Betty Dermer, floh erschreckt unter dem Wutgeheul und dem Steinhagel. Sie kam nach dieser ›Othello‹-Vorstellung nie mehr ins Theater, sondern zog sich nach Magdeburg und dann nach Wien zurück. Der Herzog verließ Braunschweig bei Nacht und Nebel, allerdings erst nachdem er seinen berühmten Diamantenschatz in Sicherheit gebracht hatte. (...)

Die Tagespresse vermerkte über diese Aufführung außer der gewohnten Kritik nichts Besonderes: ›Unser Orchester bewährte seinen Ruf; die Solo wurden mit viel Zartheit vorgetragen; das Accompagnement war gehörig nüanciert.‹«

Na, dann ist ja alles in Ordnung, auch wenn dieses Verhalten ein wenig an die Tanzkapelle auf der Titanic erinnert, die noch spielte, als die eisigen Fluten über das Schiff spülten.

Tipp: Wer sich mit Braunschweig, mit der Geschichte und Kultur der Stadt beschäftigen möchte, sollte unbedingt die Theaterstücke der »Braunschweigischen Dramaturgie« besuchen.

Welcher Braunschweiger Barbier hat diese Frisur verbrochen?

Blaues Blut mit
hohem Alkoholwert

Angesichts der in den letzten Kapiteln geschilderten Ereignisse verwundert es schon, dass es tatsächlich noch den einen oder anderen Braunschweiger geben soll, der dem 1918 abgedankten Herrscherhaus hinterher trauert. Glücklicherweise steht aber unsere Republik momentan nicht vor dem Zusammenbruch, und die Welfen haben derzeit auch keinen Kandidaten vorzuweisen, den man guten Gewissens zu einem gekrönten Oberhaupt machen kann. Dabei ist das Fürstenhaus so einig wie selten zuvor. Ernst August Albert Paul Otto Rupprecht Oskar Berthold Friedrich-Ferdinand Christian-Ludwig Prinz von Hannover Herzog zu Braunschweig und Lüneburg aka Ernst August Prinz von Hannover (*1954) ist nämlich das derzeitige Oberhaupt des Hauses Hannover *und* des Hauses Braunschweig.

Das Familienglück könnte also perfekt sein, wenn sich der Prinz nicht immer auf so ungestüme Weise in die Schlagzeilen drängen würde. So prügelte er im Jahre 1998 auf einen Kameramann ein und wurde dabei von diesem gefilmt, was ihm prompt den Spitznamen »Prügelprinz« einbrachte. 1999 gab er am Rande der Salzburger Festspiele einer Pressefotografin einen Tritt. Im Jahre 2000 soll er einen deutschen Hotelier in Kenia krankenhausreif geprügelt haben. Desweiteren urinierte er während der Weltausstellung in Hannover an den türkischen Pavillon, wobei er von den Fotografen der BILD-Zeitung fotografiert wurde, die ihn daraufhin in »Pinkelprinz« umtaufte. Ein telefonischer Klärungsversuch seinerseits, bei dem u.a. die Wörter »Arschlöcher« und »Scheißzeitung« fielen, führte nicht zum gewünschten Erfolg.

Da fällt es gar nicht ins Gewicht, dass er auf einer französischen Autobahn mit 211 km/h erwischt wurde und deshalb zu einem Monat Fahrverbot und 728 Euro Strafe verurteilt wurde. Dass er allerdings gegen die Veröffentlichung dieser Nachricht bis vor das Bundesverfassungsgericht ging, entbehrt wiederum nicht einer gewissen Komik.

Dies alles tat allerdings seiner Popularität keinen Abbruch. Die Punk-Bands »Terrorgruppe« und »Pöbel und Gesocks« (»Adel verpflichtet«) solidarisierten sich daher folgerichtig mit ihm. In dem Lied »Ernst August« der erstgenannten Tanzkapelle heißt es dazu:

»Auf der Expo urinieren
Bildzeitungs-Redakteure drangsalieren
Blaues Blut und Anarchie
Hoch dem Sid Vicious der Aristokratie
(...)
Ein Hoch auf den unnachsichtigen,
es trifft immer die Richtigen.«

Erfolglos blieb übrigens auch eine Klage des p.u.p.-Monarchen gegen die Zigarettenmarke Lucky Strike, die eine Werbeanzeige mit einer eingedrückten Zigarettenschachtel und dem Text »War das Ernst? Oder August?« gebracht hatte.

Schön, dass unsere Juristen auf diese Weise immer etwas zu tun haben.

Schön auch, dass Braunschweig bis auf weiteres republikanisch bleibt.

TIPP: Wer sich in die Welt der Welfen werfen will bzw. in die gute alte Zeit des Mittelalters, möge zu Pfingsten den auf dem Burgplatz stattfindenden Mittelaltermarkt besuchen. Aber nicht vergessen: Nie war diese Zeit so schön wie 500 Jahre später ...

Begraben, vergessen, vertrieben

Intensivieren wir aber doch noch einmal unsere Suche nach einem Hauch von Hochkultur in der ruhmreichen Vergangenheit und nicht weniger glorreichen Gegenwart unserer heiligen Stadt. Da wäre ja z.b. Friedrich Gerstäcker (1816-1872). Aber war dieser überhaupt ein Braunschweiger? Geboren wurde er in Hamburg, gewohnt hat er (sofern er sich denn in Deutschland aufhielt) die meiste Zeit in Leipzig, Dresden und Gotha. Und dort ist auch der bei weitem größte Teil seiner Arbeiten entstanden. In Braunschweig hatte er vergleichsweise nur verhältnismäßig kurz seinen Wohnsitz. Aber schon Kurt Morawietz hat in seiner »Kleinen Geschichte der Literatur in Niedersachsen« keinerlei Bedenken gehabt, Herrn Gerstäcker, den Abenteuer-Romancier und Verfasser von »völkerkundlich wie sittengeschichtlich bedeutsamen Beschreibungen und Szenerien« (»Die Regulatoren von Arkansas«, »Die Flußpiraten des Mississippi«), für die niedersächsischen Literatur zu reklamieren. Zur Sicherheit hat Morawietz diese literarische Landesgeschichte unter ein aufschlussreiches, von Arno Schmidt übernommenes Motto gestellt:

»Es genügt nicht ganz, wenn ein Land sich rühmen kann, daß es die Wiege großer Männer war; es muß auch den Nachweis erbringen, daß es ihre Gräber zeigen kann.«

Und das wiederum kann Braunschweig. Nicht viele bedeutende Dichter und Denker haben hier über längere Zeit gelebt, aber zum Sterben kamen sie gerne her. Und wer in Braunschweig begraben liegt, wird von der Braunschweiger Volksseele auch sogleich nachträglich als Braunschweiger Bürger akzeptiert.

Aber hat das nicht auch einen gewissen morbiden Touch? Und wäre es nicht schöner, die Bewohner dieser Stadt würden die lebenden Dichter, Romanciers, Essayisten, Satiriker und Popautoren verwöhnen und nicht bloß die Toten ehren?

Bedenkt man, dass man in Braunschweig zeitweise tatsächlich vergessen hatte, wo sich das Grab des berühmten Dichters Gotthold

Ephraim Lessing (1729-1781) befand, könnte sich Gerstäcker ja fast glücklich schätzen.

Das Verhältnis von Lessing zu Braunschweig und Wolfenbüttel, wo er von 1770 bis zu seinem Tode als Bibliothekar arbeitete, war sowieso nie ganz ungetrübt. Trotzdem zog es ihn ab und an nach Braunschweig, wie der Feuilletonist, Reiseschriftsteller und Kunstkritiker Ludwig Hevesi zu berichten weiß:

>>In Braunschweig lebte er wochenlang nur dem Verkehr mit den Freunden, ohne das geringste zu arbeiten. Da wurde oft in Rennekendorfs (Rönckendorff) berühmten Weinkeller eingekehrt, wo es guten Champagner gab, von dem man auf elf Flaschen die zwölfte umsonst bekam; schon aus Sparsamkeit durfte also nicht zu wenig getrunken werden...
Weniger gern scheint der Dichter zu Hofe gegangen sein, was er z.B. am Neujahrstag thun musste. >Bücklinge gemacht und das Maul bewegt<, schreibt er darüber verdrießlich an seine Eva.<<

Nichtsdestotrotz wurde sogar sein berühmtes Werk »Emilia Galotti« uraufgeführt – auch wenn Lessing immer wieder einen Vorwand fand, sich dieses Stück niemals in Braunschweig anzuschauen! Kein Wunder also, dass sich kaum jemand auf Lessings Beerdigung verirrt hatte und deshalb auch niemand sagen konnte, wo er überhaupt lag. Erst Carl Schiller (1807-1874), ein Braunschweiger Historiker, machte sich auf die Suche und legte das Grab 1833 wieder frei. Anschließend setzte er sich für ein Lessing-Denkmal ein, das auch schon 20 Jahre später enthüllt wurde. Zur Belohnung erhielt er ebenfalls ein schönes Grabmal, das – ganz in des Meisters Nähe – ebenfalls auf dem Magni-Friedhof zu finden ist.

Für das Lessing-Denkmal findet man übrigens auch einen wirklich schönen Standort, über den damals in der Zeitung zu lesen war:

>»Ein abgelegener Winkel, so dass man das Denkmal künftig nicht eher zu sehen bekommen wird, als bis man dicht davor steht.«

Oder nehmen wir z.B. den niederdeutschen Sprachforscher und Übersetzer Karl Friedrich Arend Scheller (1773-1842), Pseudonym: Arend Warmund. Dieser stürzte sich aus dem Fenster, nachdem ein unehelicher Sohn aufs Schafott geraten, eine eheliche Tochter darüber wahnsinnig geworden und er selbst um das zusammengesparte Erbgut für deren Bruder gebracht worden war. Typisch braunschweigisch?

Oder werfen wir einmal einen Blick auf Hans von Veltheim (1819-1854). Dieser so gelangweilte wie erfolglose Landadelige setzte eine alte Familientradition fort (Bruder, Onkel und Stiefschwester waren ihm ein leuchtendes Vorbild) und seinem Leben ein Ende. In der »Deutschen Theater-Zeitung« liest sich das so:

>»In Harbke (im Braunschweigischen) erschoß sich 6. d. M. der als Dichter, Zeichner und Pianist bekannte junge Graf Hans von Veltheim, Verfasser der >Dramatischen Versuche<. Ueber die Motive dieses Selbstmordes hat man bis jetzt nur Vermuthungen. Auf den Besitzern des reizenden Gutes Harbkes, welches einst durch seine großartigen Gartenanlagen weltberühmt war und zum Theil noch ist, scheint ein trauriges Geschick zu lasten.«

Gegenüber: Kaum zu erkennen: Lessing.
Auch sein Grab war nur schwer zu finden.

63

Auffällig ist, dass der Herr Redakteur noch die Zeit fand, auf den Spitzenpark des Landgutes hinzuweisen. So sind sie, die Theaterleute – Ästheten bis in den Tod. Immerhin kann von Veltheims Tod dramaturgisch als durchaus gelungen bezeichnet werden. Noch im 21. Jahrhundert spricht man davon.

Nicht viel besser erging es Wolfgang Robert Griepenkerl (1810-1868), der, beeinflusst von der Revolution von 1848, die Dramen »Maximilian Robespierre« und »Die Girondisten« schrieb, für die er von der Kritik als »(d)eutscher Shakespeare« gefeiert wurde. Diesen Erfolgen folgten keine weiteren, sondern der stete soziale Abstieg: Arbeitslosigkeit, Hartz IV, Schuldgefängnis. Wilhelm Raabe war Augenzeuge:

>»Dauernder Verkehr war mit Griepenkerl nicht zu halten. Der Willensschwache sank tiefer und tiefer. Noch heute sehe ich ihn, wie er betrunken durch die Gassen torkelte und schließlich in die aufspritzende Gosse fiel. ... Man soll ihn aber nicht verdammen. Er ist am Herzogtum Braunschweig gestorben. Hat man je bei uns verstanden, ein Genie zu stützen?«

Dann doch lieber gleich auswandern: Den homosexuellen Dichter und Schriftsteller Gustav von Seckendorff (1775-1823) trieb es bis nach Nordamerika, wo er in bitterer Armut starb. Nun, ehrlich gesagt: Da hätte er ja gleich hier bleiben können. Griepenkerl und Scheller hatten doch schon gezeigt, wie das geht.

Auch Adolf Glaser (1829-1916), Epiker, Lyriker, Dramatiker und Redakteur von »Westermann's illustrirten deutschen Monatsheften« zog es in die Ferne, schaffte es aber nur bis Berlin:

>»Ja, ich habe die Idylle herzlich satt, und Braunschweig wird geistig immer öder. (...) Ich muß daran denken, mich hier heraus zu retten. Der Mensch, oder vielmehr i c h kann nicht ohne Geselligkeit leben, und wo man keine andere findet, da stürzt man sich schließlich in die vorhandene, aber die ist hier gar zu einseitig. Ich halte es nicht mehr aus!«

Auch August Lafontaine (1758-1831) hat es nicht lange in Braunschweig ausgehalten, was schon allein deshalb schade ist, weil man fast ein bisschen angeben könnte mit ihm, ist er doch seinerzeit einer der erfolgreichsten Schriftsteller überhaupt gewesen. Seine Werke hatten eine höhere Auflage als die des Herrn Goethe, auch wenn das heutzutage kaum noch jemand weiß, weil er fast vollständig vergessen ist. Zurecht sagen einige, z.B. der Sprach- und Literaturwissenschaftler Eduard Engel, der ihn einen »der fruchtbarsten und furchtbarsten Massenschriftsteller Deutschlands« nannte. Diejenigen, die ihn noch kennen, beschreiben seine Werke (u.a. »Die Gewalt der Liebe in Erzählungen«, »Der Naturmensch«, »Moralische Erzählungen«, »Leben und Thaten des Freiherrn Quinctius Heymeran von Flaming«) als spießbürgerlich, moralistisch und sentimental.

Spötter würden sagen, dass er damit heutzutage gut hierher passen würde ...

Wie gesagt: Damals war Lafontaine durchaus erfolgreicher als Goethe – heute kennt ihn dagegen fast niemand mehr, seinen Kollegen jedoch jedes Kind, zumindest vom Namen her. Und ein Braunschweiger hat sogar das Werk des Dichterfürsten maßgeblich beeinflusst. Nach einer unglücklichen Liebesaffäre beging der Braunschweiger Jurist Karl Wilhelm Jerusalem Suizid. Goethe, der ebenfalls nicht immer Glück hatte mit den Damen, fühlte sich davon inspiriert und schrieb »Die Leiden des jungen Werther« – und schaffte damit seinen zweiten großen Erfolg nach »Götz von Berlichingen«.

Aber das ist alles lange her, heutzutage weiß die Stadt ihre Kunstschaffenden doch sicherlich zu schätzen und zu unterstützen.

Wenn diese sie überhaupt lassen und nicht schon präventiv die Flucht ergreifen. Axel Hacke (*1956) gilt z.B. in der Wahrnehmung der breiten Öffentlichkeit als Münchener, nicht aber als Braunschweiger, dabei ist er hier sogar geboren worden. Heute ist er ein berühmter Journalist (bei der »Süddeutschen Zeitung«), Kolumnist (»Das Beste aus meinem Leben«) und Schriftsteller (»Der weiße Neger Wumbaba«). Rückblickend urteilt er über seine Heimat:

»Wir lebten in Braunschweig, nahe der Zonengrenze, eine abgelegene Gegend, provinziell im Geist, wirtschaftlich bis heute schwach.«

Das ist nicht nett, aber wenigstens ehrlich.

Weit weniger bekannt ist, dass auch Uli Hannemann (*1965) ge-
bürtiger Braunschweiger ist. Allerdings ist er auch bei weitem nicht
so berühmt wie Axel Hacke. Zu Unrecht meine ich, denn die Bücher
»Neukölln, mon amour«, »Neulich in Neukölln« und »Neulich
im Taxi« zählen zu den schönsten Werken der deutschen Lesebüh-
nenliteratur (Hannemann ist Ensemblemitglied der »Reformbühne
Heim und Welt« und bei »LSD – Liebe statt Drogen«). Und auch
er verließ schon früh die Stadt – es zog ihn in die heutige deutsche
Hauptstadt –, weil er wusste, dass er hier nichts werden kann. Damals
war er noch ein Kind und konnte noch nicht einmal schreiben.

Immerhin ist er als bekennender Eintracht-Fan der Stadt ver-
bunden geblieben und schaut sich immer wieder mal ein blau-gelbes
Spiel an – immer in der Hoffnung, sie möge seine weite Anreise mit
einem überragenden Sieg belohnen.

Ähnlich ergeht es Jan Off (*1967), der ebenfalls erklärter Ein-
tracht-Sympathisant ist, aber auch Traktor Tscheljabinsk-Anhänger
(ein realexistierender Eishockeyclub). Außerdem ist er berühmt-
berüchtigt als Verfasser einiger Standardwerke der deutschen Trash-
Literatur. Wenn seine Bücher »Getrockneter Samen im Haar Eu-
rer Mütter«, »Happy Endstadium«, »Offenbarungseid«, »Aus-
schuss«, »Vorkriegsjugend« und »Unzucht« dereinst Schullektüre
werden, darf getrost davon ausgegangen werden, dass das Abendland
kurz vor seinem wohlverdienten Untergang steht. Seinen Wohnsitz
sucht Off immer dort, wo man ihn nicht vermutet. Derzeit, heißt es,
hat er in Hamburg seine Jurte aufgeschlagen.

Damit kommen wir auch schon zu Hartmut El Kurdi (*1964),
der sich ebenfalls in die ruhmreiche Riege der schlechtbehandelten
Schriftsteller Braunschweigs einreihen darf, was zugegebenermaßen
eine etwas zweifelhafte Ehre ist. Geboren in Amman in Jordanien
wuchs er in London und Kassel auf, studierte in Hildesheim Litera-
tur- und Theaterwissenschaft und lebte anschließend vierzehn Jahre
lang in Braunschweig. Seine Verdienste aufzuzählen würde den Um-
fang dieses Buches sprengen, stichwortartig seien hier genannt: Die
Literaturshow »Lemmy und die Schmöker«, die er gemeinsam mit
Gerald Fricke und Frank Schäfer gegründet hatte, sein großartiges
Theaterstück »Boomtown Braunschweig«, mit dem er sich schon
früh als spöttischer Beobachter des ostfälischen Spießertums zu erkennen gab, seine Kinderbücher und -stücke »Angstmän – eine pa-

nische Heldengeschichte« und »Johnny Hübner greift ein«, seine Kolumnensammlungen »Die Oma-Patrouille«, »Mein Leben als Teilzeit-Flaneur«, »Barfuß auf der Busspur« und »Der Viktualien-Araber« und sein Mitwirken in der Country-Band (im weitesten Sinne), »The Twang« genannt. Weggezogen (ausgerechnet nach Hannover!!!) ist El Kurdi, weil man ihm dort politisches Asyl angeboten hat. Der Braunschweiger Oberbürgermeister Gert Hoffmann – wir haben ihn alle durch sein weltoffenes Denken und Handeln schätzengelernt – fühlte sich nämlich von El Kurdi wegen seiner satirischen Texte (»In Bad und OB ist alles OK«) und des wiederholten Verweises auf Hoffmanns frühere NPD-Mitgliedschaft beleidigt. Es folgte eine Anweisung an die Mitarbeiter der Braunschweiger Stadtverwaltung, bei offiziellen Anlässen nicht gemeinsam mit El Kurdi aufzutreten – was einem faktischen Auftrittsverbot bei städtischen und städtisch finanzierten Veranstaltungen gleichkam. Der »Deutsche Kulturrat« rügte dieses Vorgehen, die Presse war entsetzt, Hoffmann zeigte sich unbeeindruckt. Da zog El Kurdi dann eben Leine und an die Leine.

Mal sehen, wann ihm Lord Schadt folgen wird. Der heißt natürlich mit bürgerlichem Namen nicht Lord, sondern Dirk, ist aber ebenso spleenig wie ein echter britischer Adeliger. Eigenen Angaben zufolge wurde er am 9. August 1976 mit absteigendem Aszendenten geboren. Er gilt als der heißeste Metal-Keyboarder der Welt, weil er mit seiner Band in einer Sauna bei 95 Grad 18 Minuten lang spielte – nachzulesen ist dies im Guiness-Buch der Rekorde. Schon früh hatte er beschlossen, Karriere zu machen, so dass als Berufswunsch in seinem Abibuch »Geniale Randexistenz« zu lesen ist. Das hat er immerhin schon erreicht! Fast berühmt wurde er im Sommerloch 2009, als er in aller Unschuld zu einem Picknick-und-Grill-Flashmob vor dem Braunschweiger Schloss aufrief. Das Braunschweiger Ordnungsamt reagierte gewohnt sensibel und verbot die Veranstaltung umgehend. Das sorgte allerorten für große Erheiterung, *taz* und SPIEGEL berichteten. Lord Schadt sah sich genötigt, das Picknick, das der »stadtgeschichtlichen und städtebaulichen Nutzung des Platzes« nicht gerecht werde und außerdem das teure Pflaster gefährde, abzublasen. Vorsorglich und weil ihn das Amt dazu aufgefordert hatte, tat er lautstark kund, dass der Flashmob NICHT stattfinde und bat darum »diese Botschaft in Braunschweig durch

Flugblätter, in Online-Foren, E-Mail-Verteilern, in Zeitungen und auf Luftballons« weiterzuverbreiten. Um zu sehen, ob nicht doch jemand verbotenerweise zu dem Picknick kommen würde, war er – zusammen mit 200 anderen Nicht-Picknickern – an dem abgesagten Termin doch vor dem Schloss erschienen. Bleibt noch darauf hinzuweisen, dass Schadt darauf besteht, dass er ein richtiger Lord ist – für schmales Geld hat er ein Stück Land nebst den dazugehörigen Adelstitel ehrlich erworben.

Nach einer kurzen Gedenkminute für alle heimatvertriebenen Braunschweiger Dichter möchte ich mich nun noch der Frage widmen, woran es denn eigentlich liegt, dass Braunschweig als eine eher etwas klein geratene Großstadt solch ein kreatives Pulverfass ist? Vielleicht an der sozialen Mischung in dieser Stadt, also an den vielen Studenten und Akademikern, die hier leben und eventuell auch an der traditionell stark ausgeprägten Subkultur. Möglicherweise aber auch nur an der guten Luft, dem sauberen Wasser und den vielen Kneipen, die noch jeder Schnapsidee zu ihrer Verwirklichung verholfen haben. Spötter behaupten sogar, dass in Wirklichkeit die hier ungebrochen grassierende Langeweile Schuld daran sei, dass so viele Menschen gezwungen sind, ihre Frustrationen zu Papier zu bringen und in der Komik ein Ventil – und früher oder später auch das Weite – zu suchen.

Tipp: Besuchen Sie doch mal die Lesebühne »Bumsdorfer Auslese«, zu deren Ensemble-Mitgliedern ich mich zählen darf. Dort treiben allerlei – lebende ortsansässige! – Autoren aus Braunschweig und aus dem Rest der Welt literarischen Schabernack.

Eulenspiegelfechtereien

Apropos Schabernack: Auch der wichtigste aller Braunschweiger Schriftsteller, Hermann Bote (1450- ungefähr 1520) war ein – Ehrensache! – ungeliebtes Kind dieser Stadt. Aufgrund einer Gehbehinderung konnte er den Beruf seines Vaters, ein Schmied, nicht nachgehen und ließ sich stattdessen zum städtischen Beamten ausbilden. Als Zoll- und Steuerschreiber lernte er früh, sich unbeliebt zu machen, so dass es zum Schreiber von Spottgedichten kein allzu großer Schritt mehr war.

Sein bevorzugtes Opfer war Ludeken Holland, ein Braunschweiger Ratsherr und Anführer eines Bürgeraufstandes, der sich gegen eine neue Münzordnung und deren inflationäre Folgen gerichtet hatte, unter denen vor allem die ärmeren Bürger der Stadt zu leiden hatten. Die Sozialrevolte schien auch zeitweise erfolgreich zu sein, so dass Bote – wie es sich für einen echten Braunschweiger Schriftsteller gehört – aus seiner Heimatstadt flüchten musste.

Nach seiner Rückkehr arbeitete er u.a. als Verwalter des Ratskellers in der Altstadt. Im Jahre 1513 kam es zu neuerlichen Unruhen, ein Todesurteil gegen ihn wurde erst im letzten Moment aufgehoben und in Hausarrest umgewandelt.

Bote schrieb jedoch nicht nur Gedichte, sondern auch historische Darstellungen. Sein Hauptwerk musste er anonym veröffentlichen: »Ein kurtzweilig lesen von Dyl Ulenspiegel geboren uß dem Land zu Brunßwick. Wie er sein leben volbracht hatt. XCVI seiner geschichten«. Bekannt geworden ist es unter dem gedächtnisfreundlichen Kurztitel »Till Eulenspiegel«.

Zumindest wird angenommen, dass er der Verfasser dieses Buches ist, denn in einer frühen Fassung des Buches findet sich das Akrostichon »Erman B«. Das mag kein Beweis sein, aber ein hübsches Indiz ist es doch – und schon aus lokalpatriotischen Gründen möchte ich da auch gar nicht widersprechen.

Ebenfalls unbewiesen ist, dass es diesen Till Eulenspiegel wirklich gegeben hat, auch wenn sich in einem Braunschweiger Urkun-

69

denbuch einige Belege für diese Annahme finden. Demnach lebte Tile von Cletlinge von etwa 1300 bis 1350 in Kneitlingen am Elm; er starb angeblich in Mölln oder Lüneburg. 1339 wurde eben dieser mit vier anderen Angehörigen des niederen Adels aus dem Harzvorland wegen Straßenraubs inhaftiert.

Der literarische Stoff ist auch schon deutlich älter. Historische Fakten verknüpften sich mit der Zeit mit mittelalterlicher Schwankliteratur, bis diese Geschichten um 1480 erstmals in niederdeutscher Sprache zu Papier gebracht wurden. 1510/1511 erschien dann die berühmte hochdeutsche Fassung.

Das Buch war schon sehr bald ein großer Erfolg in ganz Europa, sogar eine lateinische Fassung ging in Druck. Bis heute ist es in 284 Sprachen übersetzt worden.

Erstaunlich ist für uns heutige Leser die zotige Ausdrucksweise und die sich nicht selten auf Fäkalien beziehende Thematik des Stoffes. Man möchte sich gar nicht die hygienischen Verhältnisse vorstellen, unter denen das Buch geschrieben worden ist.

Beispiel gefällig? Bitte sehr:

»Als Eulenspiegel in dem Dorf Küster geworden war, konnte er laut singen, wie es sich für einen Mesner gehört. Nachdem der Pfaffe mit Eulenspiegel wieder einen Küster hatte, stand er einmal vor dem Altar, zog sich an und wollte die Messe halten. Eulenspiegel stand hinter ihm und ordnete ihm sein Meßgewand. Da ließ der Pfaffe einen großen Furz, so daß es durch die ganze Kirche schallte. Da sprach Eulenspiegel: ›Herr, wie ist das? Opfert Ihr dies unserm Herrn statt Weihrauch hier vor dem Altar?‹ Der Pfaffe sagte: ›Was fragst du danach? Das ist meine Kirche. Ich habe die Macht, mitten in die Kirche zu scheißen.‹ Eulenspiegel sprach: ›Das soll Euch und mir eine Tonne Bier gelten, ob Ihr das tun könnt.‹ Der Pfaffe sagte: ›Ja, das soll gelten.‹ Und er kehrte sich um, machte einen großen Haufen in die Kirche und sprach: ›Sieh, Herr Küster, ich habe die Tonne Bier gewonnen.‹ Eulenspiegel sagte: ›Nein, Herr, erst wollen wir messen, ob es mitten in der Kirche ist, wie ihr sagtet.‹ Eulenspiegel maß es aus: da fehlte wohl ein Viertel bis zu Mitte der Kirche. Also gewann Eulenspiegel die Tonne Bier.«

Gegenüber: Tunnelblick auf Till nach dem Besuch der Baßgeige.

Schon der Name Eulenspiegel lässt derartiges vermuten: Er geht wohl auf die mittelniederdeutschen Wörter »ulen« (wischen) und »spegel« (Spiegel, Hintern) zurück. Mithin also: »Wisch mir'n Hintern!« Vulgo: »Leck mich am Arsch!« Nun gut: Eine andere, weniger schmuddelige Interpretation des Namens geht von der Annahme aus, dass aus dem Ausspruch »Ick bin ulen spegel« (»Ich bin euer Spiegel« / «Ich halte euch den Spiegel vor«) Ulenspegel wurde. Mir persönlich gefällt die erste Erklärung aber besser.

Ganz sicher ist jedoch die Redensart »Er macht's wie Eulenspiegel, er verleidet der Bäuerin das Mus, um es allein zu essen« auf die Geschichte »wie Ulenspiegel ein weiß muoß allein us aß, darumb daz er ein klumpen us der nassen daryn ließ fallen« zurückzuführen.

So ist er eben, der feinsinnige Humor der norddeutschen Tief-ebenenhocker: Eulenspiegel lässt den Küster in die Kirche kacken und setzt dem Wirt einen Haufen auf die Theke. Allerdings darf der Eulenspiegel nicht dem beliebten Genre der Fäkalliteratur zugeord-net werden, denn tatsächlich ist das Verhältnis der mittelalterlichen Menschen zu ihren Ausscheidungen nicht mit unseren Vorstellun-gen zu vergleichen.

Auch die Brutalität Eulenspiegels ist für uns sehr befremdlich. Einen Hund um eines Wortspieles willen zu kochen, mag uns heute erschrecken – im Mittelalter hätte man wohl tatsächlich eher seinen Besitzer bedauert. Überhaupt kann man Tills Gesinnung moralisch nur als äußerst zweifelhaft bezeichnen, auch wenn der Leser trotz-dem manches Mal für ihn Partei ergreift. Nämlich dann, wenn ihm die arroganten, geldgierigen und dummen Stadtbewohner wieder einmal die kalte Schulter zeigen wollen und dafür böse bestraft wer-den. Eulenspiegel kennt eben keine Gnade: Er belügt und betrügt, er stiehlt und er dealt.

Wie dem auch sei: Eulenspiegel tritt stets als ein respektloser und gewitzter Narr auf, der das sich überlegen dünkende Bürgertum an der Nase herumführt. Drei der 96 Kapitel spielen übrigens direkt in Braunschweig. In zwei dieser Geschichten stellt sich Eulenspiegel dumm und befolgt Anweisungen wortwörtlich – in der dritten will man sich auf die gleiche Weise bei ihm rächen, woraufhin er zeigt, dass er keinen Spaß verträgt, wenn er selbst derjenige ist, auf dessen Kosten gelacht wird. Zur Strafe hierfür schlägt er dem Schuldigen die sicherlich nicht ganz billigen Butzenscheiben ein.

Das alles klingt recht derbe – ich gebe es zu, und so verwundert es vielleicht auch nicht, dass das Werk im Laufe der Jahrhunderte immer weiter bereinigt, gefällig und kinderkompatibel gemacht worden ist. Mit den besten Absichten natürlich (etwas anderes kann man Erich Kästner ja gar nicht unterstellen), trotzdem ist den Geschichten so natürlich viel von ihrem brutalen Biss genommen worden.

Trotz alledem: Der Braunschweiger Hermann Bote hat einen der ersten Bestseller der europäischen Literaturgeschichte geschrieben!

Tipp: Vor der Kult- und Jazzkneipe Baßgeige befindet sich der schon erwähnte Eulenspiegel-Brunnen. Er ist das vielleicht schönste Denk-mal, das Braunschweig zu bieten hat.

Ungewöhnlicher Übersetzer

Meine Lieblingsfigur der Braunschweiger Literaturgeschichte ist jedoch Johann Heinrich Campe (1746-1818), der sich in erster Linie als Übersetzer des Abenteuerromans »Robinson Crusoe« von Daniel Defoe einen Namen gemacht hat. Doch Campe war nicht nur Übersetzer, sondern auch Schriftsteller, Sprachforscher und gescheiterter Schulreformer, der sich – obwohl ein Anhänger der Französischen Revolution – nichtsdestotrotz gegen den Französisch-Unterricht an den Schulen ausgesprochen hat.

Als sein eigentliches Lebenswerk (mit dem wir alle Tag für Tag zu tun haben) kann wohl die Übersetzung von 11.500 Lehnwörtern aus anderen Sprachen ins Deutsche angesehen werden. Sein Ziel war, dadurch auch der einfachen Bevölkerung die Teilnahme an politischen Diskussionen zu ermöglichen.

Etwa 300 dieser Wörter (eine eher bescheidene Ausbeute) finden auch tatsächlich Eingang in den allgemeinen Sprachgebrauch: »altertümlich« für »antik«, »Erdgeschoss« für »Parterre«, »Feingefühl« für »Takt«, »herkömmlich« für »konventionell«, »Hochschule« für »Universität«, »Lehrgang« für »Kursus«, »Voraussage« für »Prophezeiung«, »Wust« für »Chaos« und »Randbemerkung« für »Glosse«. Nicht so recht durchgesetzt haben sich dagegen »Esslust« für »Appetit«, sowie die vielleicht tatsächlich nicht völlig wertfreien Begriffe »Freigläubiger« für »Protestant«, »Zwangsgläubiger« für »Katholik« und »Menschenschlachter« für »Soldat«. Allerdings: Das Wort »Gesichtserker« (statt »Nase«) wird dem wehrlosen (weil toten) Campe immer wieder zu Unrecht in die Schuhe geschoben.

Auch Johann Wolfgang von Goethe (der schon wieder!) ließ es sich nicht nehmen, über den armen Campe zu lästern. Er nannte ihn die »Waschfrau von der Oker«. Und so ganz Unrecht hatte der Dichterfürst nicht. Der Versuch, die deutsche Sprache von »fremden« Einflüssen zu reinigen, ist ein zweischneidiges Schwert, dessen progressiver (bzw. »fortschrittlicher«) Effekt bezweifelt werden kann, denn ob dadurch faktisch (»tatsächlich«) mehr Menschen an gesellschaftlichen Debatten (»Streitgesprächen«) teilgenommen haben als vorher, kann mit gutem Recht bezweifelt werden – zudem dadurch auch die Kommunikationen mit den Angehörigen anderer Nationen deutlich erschwert wird. Im 19. Jahrhundert werden die Argumente für die Beseitigung von »Fremdwörtern« auch zunehmend patriotischer, bis diese Versuche im Nationalsozialismus ihren Höhepunkt finden. Und man es nicht bei der Ausmerzung von Wörtern belässt.

Joachim Heinrich Campe im Kreise seiner Lieben.

Diese Diskussionen wollen bis heute nicht enden. Sobald auf einem Werbeplakat ein Anglizismus auftaucht, raffen sich stante pede subito zehn Leserbriefschreiber von ihren Sterbebetten auf, die hierin den Untergang des Abendlandes sehen und wahlweise den Plakatgestalter oder den Gewerbetreibenden des Vaterlandsverrats bezichtigen und ihm Tod und Verderben an den Hals wünschen.

Tipp: Besuchen Sie doch einmal den schon erwähnten Magni-Friedhof. Hier finden Sie auch das Grab des Herrn Campe, eingerahmt von etlichen anderen berühmten Verstorbenen seiner weit verzweigten Sippschaft.

Bumsdorfer Jugendquark

Wilhelm Raabe (1831-1910) gilt als so etwas wie der Braunschweiger Haus- und Hofdichter. Manch einer sagt: mangels wirklich wichtiger Autoren. Berühmt geworden ist er durch sein Erstlingswerk »Die Chronik der Sperlingsgasse«, das er später zu seinem sogenannten »Jugendquark« rechnete. Dabei war der Roman für ihn zeitlebens immens wichtig – wenn auch nur finanziell:

> »Ende September 1856 erblickte das Buch durch den Druck das Tageslicht und hilft mir heute noch neben dem ›Hungerpastor‹im Erdenhaushalt am meisten mit zum Leben. Denn für die Schriften meiner ersten Schaffensperiode, die bis zu letzterwähnten Buche reicht, habe ich ›Leser‹gefunden, für den Rest nur ›Liebhaber‹, aber mit denen, wie ich meine, freilich das allervornehmste Publikum, was das deutsche Volk gegenwärtig aufzuweisen hat.«

In den letzten acht Jahren seines Lebens betrachtete sich Raabe als »Schriftsteller a.D.« und verweigerte sich ganz der literarischen Arbeit – aufgrund der beiden erwähnten Bücher konnte er sich dies auch problemlos leisten. Der deutsche Literaturpapst Marcel Reich-Ranicki hätte es vermutlich nicht bedauert, wenn er schon vorher auf das Bücherschreiben verzichtet hätte:

> »Es trifft schon zu, daß Raabes Romane vor hundert Jahren viel gelesen wurden. Während die Romane Fontanes im zwanzigsten Jahrhundert, zumal nach dem Zweiten Weltkrieg, erfreulicherweise immer mehr Leser fanden, geriet Raabe langsam in Vergessenheit, was mich keineswegs verwundert.
> Ab und zu kommen Briefe (vornehmlich aus dem Land Niedersachsen), die mich fragen, was ich denn von diesem Schriftsteller halte. Wenn ich mich nicht irre, habe ich diese Fragen bisher nicht beantwortet. Das hat einen guten Grund: Wann immer

ich Raabe gelesen habe, hat mich seine Prosa gelangweilt. Sein wohl populärster Roman ist zugleich sein fragwürdigstes, wenn nicht widerlichstes Buch: der antisemitische Roman ›Der Hungerpastor‹.

Raabe war und ist vielleicht noch heute ein überschätzter Romancier. Aber es wird wohl nicht mehr lange dauern, und sein Werk wird aufhören, Stoff sogar für kümmerliche Germanisten zu sein. Lesern, die sich mit den großen deutschen Erzählern der nicht allzu fernen Vergangenheit beschäftigen wollen, empfehle ich Fontane und Storm, Gottfried Keller und Conrad Ferdinand Meyer, Thomas Mann, Franz Kafka und Arthur Schnitzler.«

Es ist überhaupt zu fragen, wann Raabe denn eigentlich die Zeit gefunden hat, zu schreiben, denn aufgrund seiner zahlreichen, selbstauferlegten gesellschaftlichen Verpflichtungen, dürfte er Tag und Nacht ausgebucht gewesen sein:

»Ich bin in den Klub der ›Kleiderseller‹ eingetreten, und neulich zum erstenmal als Gast im Klub der Krähenfelder Bauern gewesen. Die letzte Gesellschaft besteht aus der Nachbarschaft und hält ihre Sitzungen in Holst's Garten. Sie ist auf dem Princip der größtmöglichen Grobheiten und der saftigsten Geschichten gegründet und zählt einige höchst drollige Gestalten zu ihren Mitgliedern.«

Zu den Mitgliedern des zweimal in der Woche tagenden Honoratioren-Stammtischs der »Ehrlichen Kleidersellern« gehörten auch die schon erwähnten Ludwig Hänselmann, Konrad Koch und Carl Schiller. Die »Buerschaft im Krayenfelde« war dagegen ein plattdeutsch snackender Stammtisch, dazu kamen noch die gesellige Künstlervereinigung »Feuchter Pinsel« und der »Dreierclub« – ganz schön viele Aktivitäten, wenn man nebenberuflich auch noch Schriftsteller sein will.

Nun ist es kein Geheimnis, dass ich mich selbst in gewisser Weise auf Raabe berufe – zumindest habe ich mir von ihm den Ausdruck »Bumsdorf« geklaut und ihn an die von mir gegründeten Lesebühnen »Bumsdorfer Gerüchteküche« und »Bumsdorfer Auslese« weitergereicht. Er stammt aus dem Roman »Abu Telfan« und bezeichnet dort ein Dörflein in der Nähe des Residenzstädtchens Nippenburg – was man gut und gerne als Anspielung auf Braunschweig und Wolfenbüttel deuten darf.

Tipp: Ein Besuch des Raabe-Hauses am Leonhardplatz lohnt sich allemal – besonders natürlich bei einer der zahlreichen Veranstaltungen des dort ansässigen Literaturzentrums.

Mit ihnen kann man rechnen

So hundertprozentig überzeugt hat mich die Suche nach bedeutenden Künstlern, die in Braunschweig gelebt, geliebt und gewerkelt haben, ja noch nicht, aber immerhin haben wir einen *wirklich* bedeutenden Gelehrten, der mit Fug und Recht als Braunschweiger bezeichnet werden kann, auch wenn er es vorzog, in Göttingen zu sterben und nicht in seiner Geburtsstadt Braunschweig, aber da wollen wir mal nicht so kleinlich sein: Carl Friedrich Gauß (1777-1855).
Gauß beschäftigte sich schon früh mit allerlei Teufelszeug und korrigierte angeblich schon als Dreijähriger seinen Vater bei den Lohnabrechnungen. Im Alter von neun Jahren kam Gauß in die Volksschule. Dort gewann er die Aufmerksamkeit seines Rechenlehrers, eines Herrn Büttner. Daniel Kehlmann stellt sich das Schlüsselerlebnis in »Die Vermessung der Welt« so vor:

> »Büttner hatte ihnen aufgetragen, alle Zahlen von eins bis hundert zusammenzuzählen. Das würde Stunden dauern, und es war beim besten Willen nicht zu schaffen, ohne irgendeinen Additionsfehler zu machen, für den man bestraft werden konnte. Na los, hatte Büttner gerufen, keine Maulaffen feilhalten, anfangen, los! Später hätte Gauß nicht mehr sagen können, ob er an diesem Tag müder gewesen war als sonst oder einfach nur gedankenlos. Jedenfalls hatte er sich nicht unter Kontrolle gehabt und stand nach drei Minuten mit seiner Schiefertafel, auf die nur eine einzige Zeile geschrieben war, vor dem Lehrerpult.
> So, sagte Büttner und griff nach dem Stock. Sein Blick fiel auf das Ergebnis, und seine Hand erstarrte. Er fragte, was das solle. Fünftausendfünfzig.
> Was?
> Gauß versagte die Stimme, er räusperte sich, er schwitzte. Er wünschte nur, er wäre noch auf seinem Platz und rechnete wie die anderen, die mit gesenktem Kopf dasaßen und taten, als hörten sie nicht zu. Darum sei es doch gegangen, eine Addition aller

Zahlen von eins bis hundert. Hundert und eins ergebe hunderteins. Neunundneunzig und zwei ergebe hunderteins. Achtund-
neunzig und drei ergebe hunderteins. Immer hunderteins. Das
könne man fünfzigmal machen. Also fünfzig mal hunderteins.
Büttner schwieg.

Fünftausendfünfzig, wiederholte Gauß, in der Hoffnung, dass
Büttner es ausnahmsweise mal verstehen würde.«

Heute weiß dank ihm jedes Kind, dass das Euklidische Parallelenaxiom nicht
denknotwendig ist: Carl Friedrich Gauß.

Die anderen Schüler wurden auf die damals als pädagogisch wertvoll geltende Weise zum Nachdenken angeregt und mit der »Karwatsche rectifizirt«.

Ob Gauß nachher Klassenkeile bekommen hat, ist nicht überliefert, jedoch ging er weiterhin diesen seltsamen Vergnügungen nach und wurde zum »Fürsten der Mathematik«. Er bewies die Konstruierbarkeit des regelmäßigen Siebzehnecks, entdeckte die Standardnormalverteilung und beschäftigte sich mit lemniskatischen Sinusfunktionen sowie dem quadratischen Reziprozitätsgesetz der Potentialtheorie.

Ganz besonders wichtig war, dass er eine Formel entwickelte, mit der er das Osterdatum für jedes beliebige Jahr rechnerisch ermitteln konnte. Er befasste sich mit Physik, Astronomie, Gedäsie, Magnetismus, erfand das Heliotrop...

Fast ein Universalgenie also.

Seine Ergebnisse veröffentlichte er jedoch erst, wenn eine Theorie seiner Meinung nach komplett war, was dazu führte, dass er sich ab und an genötigt sah, seine Kollegen darauf hinzuweisen, dass er dieses und jenes schon längst gewusst habe.

Von Kritikern wurde ihm daraufhin Geltungssucht vorgeworfen – als nach seinem Tod jedoch seine Tagebücher gefunden wurden, stellte sich heraus, dass er einen Großteil der von ihm behaupteten Leistungen tatsächlich erbracht hatte. Es ist zu vermuten, dass der Rest in den nicht erhaltenen Aufzeichnungen festgehalten worden sein dürfte. So erklärt sich wohl auch das Motto »Pauca sed matura« (»Weniges, aber Reifes«), das auf seinem persönlichen Stempel zu finden war.

Seine Rechenkünste wandte er auf alle möglichen Gebiete an und führte sogar Listen über die Lebenserwartung berühmter Männer, in Tagen gerechnet. Gelegentlich wies er Freunde und Bekannte darauf hin. Hier ein Beispiel aus einem Brief an Alexander von Humboldt:

»Es ist übermorgen der Tag, wo Sie, mein hochverehrter Freund, in ein Gebiet übergehen, in welches noch keiner der Koryphäen der exacten Wissenschaften eingedrungen ist, der Tag, wo Sie dasselbe Alter erreichen, in welchem Newton seine durch 30766 Tage gemessene irdische Laufbahn geschlossen hat. Und Newtons Kräfte waren in diesem Stadium gänzlich erschöpft:

Sie stehen zur höchsten Freude der ganzen wissenschaftlichen Welt noch im Vollgenuss Ihrer bewundernswürdigen Kraft da. Mögen Sie in diesem Genuss noch viele Jahre bleiben.«

Einer seiner Schüler war Richard Dedekind (1831-1916), ebenfalls ein echter Braunschweiger, sogar noch ein bisschen braunschweigischer als Gauß, da er hier nicht nur geboren wurde, sondern hier auch starb und sogar einen großen Teil seines (Berufs-)Lebens in der Stadt verbrachte. Bis zu seiner Emeritierung war er Professor an der Technischen Hochschule. Dieser Satz von ihm hat mich am meisten begeistert:

»Die Zahlen sind freie Schöpfungen des menschlichen Geistes, sie dienen als Mittel, um die Verschiedenheit der Dinge leichter und schärfer aufzufassen. Durch den rein logischen Aufbau der Zahlenwissenschaft und durch das in ihr gewonnene stetige Zahlenreich sind wir erst in den Stand gesetzt, unsere Vorstellungen von Raum und Zeit genau zu untersuchen, indem wir dieselben auf dieses in unserem Geiste geschaffene Zahlenreich beziehen.«

Das hätte ich mal meinen Mathelehrern sagen sollen. »Zahlen – das sind doch alles bloß Erfindungen.«

Doch Braunschweig hat noch einen weiteren großen Rechenkünstler hervorgebracht. August Tischer (1882-1928) ist sein Name. Anders als Gauß und Dedekind war der Sohn eines Lokomotivheizers jedoch kein Mathematiker im engeren Sinne, sondern verdingte sich im Unterhaltungsgewerbe. Wie Gauß wurde sein Talent in der Schule entdeckt, als er im Alter von sieben Jahren die von seinem Lehrer gestellte Aufgabe 23 mal 36 ohne zu zögern oder Hilfsmittel zu benutzen mit 828 beantwortete. Eine aufwendige Gegenrecherche meinerseits – gut, dass es Taschenrechner gibt – hat ergeben, dass diese Behauptung zutreffend ist. Er perfektionierte dieses Talent und addierte, subtrahierte, multiplizierte und dividierte bis zu zehnstellige Zahlen.

In Gaststätten, aber auch auf Varieté-Bühnen in Braunschweig, manchmal sogar außerhalb der engen Stadtgrenzen, führte der »Rechen-August«, wie man ihn reichlich respektlos nannte, diese Fähigkeit vor – und wurde dabei vorgeführt wie ein Tanzbär. Später soll er allerdings von der strengen Wissenschaft zur freien Spekulation übergegangen sein und sich auch zu Prophezeiungen, z.B. über den Ausgang des Weltkrieges, herabgelassen haben. Wie alle derartigen Voraussagen waren auch diese unscharf bis unzutreffend, wie auch seine Rechenkünste im Laufe der Zeit nachgelassen haben sollen.

Wissenschaftler untersuchten ihn zwar zu Lebzeiten, konnten jedoch keine Erklärung für seine Fähigkeit finden. Eine Untersuchung seines Gehirns nach seinem Tod – er war im Alter von nur 46 Jahren an der Lungenschwindsucht gestorben – ergab, dass dieses angeblich 1690 Gramm wog und damit gut 300 Gramm schwerer war als üblich.

Auch das Gauß'sche Denkorgan geriet schon früh in die Fänge der Wissenschaft. Der Versuch, anhand einiger eventueller struktureller Abweichungen dem Genie auf die Spur zu kommen, muss allerdings als gescheitert bezeichnet werden. Die Bemühungen waren bisher umsonst – Gauß war vielleicht einfach zu schlau, um sich so einfach in die Karten gucken zu lassen.

Tipp: Ein interessantes Theaterstück zu einem anderen Braunschweiger Original ist »Mensch Agnes – eine Moritat« – wiederum eine Zusammenarbeit von Peter Schanz und Christian Eitner für das Staatstheater Braunschweig. In diesem viel gelobten Schauspiel geht es um Agnes Adolphine Agathe Schosnoski aka Harfen-Agnes (»Mensch saa helle«).

Ein Prominenter,
den niemand kennt

In Braunschweig lebten schon viele Menschen. Einige von ihnen waren sehr berühmt. Die meisten aber nicht. Fast völlig vergessen ist z.B. Victor Friedrich Leberecht Petri. Dabei trug er einige sehr schöne Namen. Besonders Leberecht gefällt mir gut. Leberecht meint: Lebe recht im Sinne von: Lebe richtig. Lebeschlecht sollte man sein Kind nicht nennen. Heute gibt es nur noch sehr wenige Menschen, die Leberecht heißen. Victors und Friedrichs gibt es dagegen viel mehr. Momentan sind solche alten Namen ja wieder modern. Es ist wohl nur eine Frage der Zeit, bis auch der Name Leberecht wieder ein Leberecht hat (z.B. in Kalau).

Man sollte sich immer viele Gedanken machen, wie man sein Kind nennt. Einfach an irgendeiner Stelle ein Namenslexikon aufzuschlagen, mit dem Finger reinzupieksen und zu sagen: »So heißt mein nächstes Kind!« kann zu einem doofen Ergebnis führen. Vielleicht heißt das Kind dann Adolf und wird ein Leben lang gefragt, was sich die Eltern dabei gedacht haben mögen.

Wer sein Kind dagegen Leberecht nennt, hat wohlgetan. Denn Victor Friedrich Leberecht Petri lebte in Braunschweig und war Professor der alten Literaturen und orientalischen Sprachen. Ein gebildeter Mann also. Möglicherweise aber auch ein eingebildeter Mann. Das weiß ich nicht so genau, denn ich habe »Lebi«, wie ihn seine Freunde vielleicht genannt haben, nicht kennengelernt, weil er mehr als hundert Jahre bevor ich geboren wurde, gestorben ist, nämlich 1857. Dabei hätten wir uns viel zu sagen gehabt, glaube ich. So sprach er sich z.B. dagegen aus, dass das Collegium Carolinum zu einer polytechnischen Schule umgewandelt wurde. Das hätte ich auch gut gefunden, denn dann hätten wir hier nicht bloß eine Technische Universität, sondern eine richtige Hochschule mit noch mehr nutzlosen Geisteswissenschaftlern.

Aber mich fragt ja niemand.

Vielleicht zu recht.

Tipp: Seit einiger Zeit gibt es in Braunschweig die beliebten Science Slams im Haus der Wissenschaft. Ein Science Slam ist ein Vortragswettkampf, bei dem ehrwürdige Wissenschaftler versuchen, auf möglichst verständliche und anregende Art Fakten zu vermitteln. Und man kann hier sehen, dass auch Akademiker nur Menschen sind, die ihren Eitelkeiten nachgehen – das ist jedes Mal ein großer Spaß!

Ostfalen beim rituellen Ringkampf zu Ehren abgehalfterter Gottheiten.

Kein schöner Land

Kaum Gutes habe ich bisher über Braunschweig zu sagen gehabt und vielleicht ist das auch tatsächlich nicht besonders nett von mir, aber vielleicht gelingt mir ja wenigstens ein rundum positives Urteil über das Braunschweiger (Um)Land. Der Harz, werden Sie mir jetzt vielleicht vorauseilend zustimmen, der Harz z.B., der ist doch *sooo* schön!

Und das stimmt auch: Der Harz ist schön – schön kalt. Und dass ein ... nein: *der* Berg dort den etwas unappetitlichen Namen Brocken trägt (Brocken!), ist doch schon sehr bezeichnend, oder?

Daher verlasse ich sogleich diese doch reichlich unwirtliche Gegend und wende mich einer Region zu, in der ich mich eindeutig besser auskenne: Die Lüneburger Heide. Sie ist das, was man als eine Art natural born »National befreite Zone« bezeichnen könnte – also eine no go area für Leute mit Hirn oder einer anderen Hautfarbe als blassweiß. Hierhin ist der Faschismus nicht von irgendwelchen dahergelaufenen Österreichern importiert worden, sondern hier ist er zu Hause, hier ist er daheim. Ich kann das bezeugen, denn ich bin dort aufgewachsen.

Anders als in großen Teilen Restwestdeutschlands ist in dieser von Gott und allen guten Geistern verlassenen Gegend der 2. Weltkrieg nie zu Ende gewesen – er ist nur mit »low intensity« geführt worden, wie es heutzutage heißt: Die Soldaten waren Pfadfinder auf Grenzlandfahrt, die Waffen Silvesterknaller und der Gegner der gemeine Volkspolizist »von drüben«.

Der eigentliche Feind – neben »Juden«, »Schwulen« und »Kommunisten«, wie die beliebtesten Schimpfwörter damals hießen – ist seit Jahrzehnten jedoch der gleiche: »der Russe« (der manchmal auch »der Pole« oder »der Rumäne« genannt wird). Einzig der Frontverlauf verschiebt sich manchmal, derzeit ist der Gegner hinter Oder und Neiße zu finden, vor einigen Jahren stand er noch an der Elbe.

Der »Kalte Krieg« ist hier in der Gegend immer noch in bester Erinnerung, denn er war konjunkturfördernd und damit gut. Die

Landkreise in der Lüneburger Heide haben durch ihn jahrzehntelang die sogenannte »Zonenrandförderung« abgreifen können, die, für die Bewohner dieses Landstrichs völlig unerklärlich, inzwischen eingestellt worden ist. Zudem sind mangels Grenze auch einige der zahllosen BGS-Kasernen geschlossen worden, womit eine weitere wichtige Finanzquelle versiegte. Die Lüneburger Heide ist dadurch noch mehr Provinz geworden, als sie es schon vorher gewesen ist – und der Feind ist wie immer »da draußen« zu finden, außerhalb des Schafweidegebietes, also in Hamburg, Hannover, Berlin und Istanbul.

Bei einer derart trostlosen Gegenwart fällt die Verklärung der Vergangenheit nicht schwer. Dereinst, im Mittelalter, ist Lüneburg nämlich ein bedeutender Handelsplatz für Salz gewesen, aber das ist eben schon ein paar Jährchen her, heutzutage ist mit so einem Billigprodukt kein Reichtum mehr zu scheffeln, es sei denn, man schämt sich nicht, wehrlose Kranke in ein Solbad zu schmeißen, um dies dann als Kurmaßnahme zu verkaufen. Wahlweise gibt es auch das Moorbad – aber wer will schon nach seinem versehentlichen Ableben im örtlichen Heimatmuseum als Moorleiche ausgestellt werden?!

Touristen unter falschen Voraussetzungen in die Gegend zu locken. Eine »schöne Landschaft« wird in den Werbeprospekten versprochen, was eine euphemistische Beschreibung für das Fehlen jeglicher Zivilisation ist, und von »gesunder Luft« ist die Rede – verschwiegen wird aber, dass es hier nach Kuhdung und Zuckerrübenfabrik stinkt wie nix Gutes.

Überhaupt die Landwirtschaft: Will man nicht Polizist oder Bademeister werden, bleibt dem Land- und Sandbewohner nur die Möglichkeit, von den Erträgen der heimatlichen Scholle zu leben. Die Heidebauern bestellen das Land immer noch auf traditionelle Weise, mit viel Kunstdünger und Pestiziden, und füttern die Kühe und Schafe mit lecker Psychopharmaka-Resten. Den Heidjer stört dies nicht, er ist hart gesotten, schließlich lebt er seit Jahrhunderten von dem Sand in der Hand in den Mund.

Doch die Lüneburger Heide hat auch Städte, das soll nicht verschwiegen werden. Darunter befinden sich Metropolen wie Bad Bevensen (weltweit bekannt als »Stadt der Jod-Sole-Therme«) und Uelzen, dessen Bahnhof bekanntlich mit allen Hundertwassern gewaschen ist. Lüneburg selbst hat ein »mittelalterliches Stadtbild«, so heißt es im Brockhaus, und sieht damit aus wie eine Modelleisenbahnstadt. Das gehört natürlich zur corporate identity der Lüneburger Heide – irgendwie soll hier alles idyllisch aussehen, weshalb gleich die gesamte Region unter Natur- und Denkmalschutz gestellt worden ist. Zu dem unerträglichen Heimatbrimborium gehört selbstverständlich auch das Feiern von Heide-, See-, Mühlen-, Dorf-, Stadt- und Burgfesten, dazu kommen noch Oster- und Pfingstfeuer sowie die halbjährlichen Sonnenwendfeiern der ortsansässigen und zugereisten Nazis.

Bezeichnend ist, dass sich jedes zweite Kaff einbildet, etwas mit dem sogenannten »Heidedichter« Hermann Löns zu tun zu haben. Dieser blut- und bodenständige Journalist passt hervorragend in diese Landschaft, gewissermaßen wie die Faust aufs Auge, zeichnete er sich doch durch eben jenen autoritären Charakter aus, der für den durchschnittlichen ins Erwachsenenleben geprügelten Heidebewohner ganz typisch ist. So ist es keineswegs Zufall, dass der passionierte Jäger die erstbeste Gelegenheit nutzte, sich totschießen zu lassen.

Dass seine Teilnahme am 1. Weltkrieg so abrupt endete, bewahr-

te ihn immerhin davor, ein Anhänger des Faschismus zu werden –
dieser konstituierte sich nämlich erst einige Jahre später. Sein lite-
rarisches Werk lässt immerhin vermuten, dass er gerne mal mit dem
Natur- und Nazilyriker Will Vesper, der sein Domizil in Triangel
im Landkreis Gifhorn aufgeschlagen hatte, ein Bier getrunken hätte. Zwar schrieb Löns hauptsächlich possierliche Geschichten über
Häschen und Igel, das wüsteste und gleichzeitig auch bekannteste
Buch von ihm, »Der Wehrwolf«, besteht jedoch aus allerlei Tipps,
wie Ausländer und »Zigeuner« zu verprügeln, zu vertreiben und
gerne auch totzuschlagen sind. Sein Gesamtwerk ist damit Ausdruck
der urdeutschen Nähe von Idylle und Brutalität, von Ferien- und Arbeitslager.

Lesen tun dies nur wenige, meist Akademiker, insbesondere die
männliche HeideJugend zieht diesem intellektuellen Geschwätz die
Lektüre des Landsers vor, was erklärt, warum schon Grundschüler
Wehrsportgruppen gründen.

Später treten sie dann in Schützenvereine ein, in denen sie nicht
nur ihre militärische Ausbildung fortsetzen, sondern auch noch eine
weltanschauliche Schulung erhalten, die im wesentlichen aus Hei-
mat- und Ahnenkult besteht. In einer Tour wird an die Liebe zum
jeweiligen Dorfe oder zum jeweiligen Städtchen sowie an »gute
deutsche Bürgertugenden zum Wohle des Gemeinwesens« appel-
liert, bis man ganz wirr ist von diesem Geplapper und blöd im Kopp.
Irgendwann ist man dann soweit, dass man glaubt, man würde gerne
in der Lüneburger Heide leben – und das ist der Zeitpunkt, an dem
man im Heidetreibsand versinkt.

Tipp: Höchst amüsant kann ein Besuch in einem der Maisfeld-Laby-
rinthe sein. Besonders, wenn man wie wir bei trockenem Wetter hin-
eingeht, um dann von einem sintflutartigen Platzregen überfallen zu
werden – und den Ausgang nicht mehr findet.

würgen in Wolfenbüttel
und anderswo

Wer den bisherigen Ausführungen entnehmen möchte, dass Braunschweig eine Provinzstadt ist, liegt natürlich völlig richtig, sollte aber bedenken, dass der Joker an der Oker immerhin ein südostniedersächsisches Oberzentrum ist – und damit der Einäugige unter den Blinden.

Nehmen wir doch z.B. mal Wolfenbüttel, das, seitdem es keine Residenzstadt mehr ist und damit zum Armenhaus im Herzogtum Braunschweig degradiert wurde, auch zärtlich »Lumpenbüttel« genannt wird.

Mit anderen Worten:

Wenn Frankfurt die Mitte Deutschlands ist und Braunschweig der Nabel der Welt, was ist dann Wolfenbüttel? Der Wurmfortsatz Nordwestdeutschlands? Und bedeutet das, dass man ihn rausnehmen sollte, wenn er anfängt weh zu tun, ansonsten stört er auch nicht weiter, man merkt ihn ja nicht?

Aber gilt nicht Wolfenbüttel auch als das Venedig Niedersachsen? Und ist damit Niedersachsen nicht das Venetien Norddeutschlands und Norddeutschland nicht das Norditalien Deutschlands und Deutschland nicht das Italien Europas? Und was bleibt dann, falls das stimmen sollte, noch für Italien?

Und gilt für diese ganzen Vergleiche eigentlich auch immer der Umkehrschluss? Ist Italien das Deutschland Europas? Norditalien das Norddeutschland Italiens, Venetien das Niedersachsen Norditaliens und Venedig das Wolfenbüttel Venetiens?

Und wäre das eigentlich ein Kompliment? Oder beißen sich hier Katze und Logik in den eigenen buschigen Schwanz?

Aber kommen wir doch noch mal kurz auf Wolfenbüttel zurück, immerhin ist dieses Städtchen ja fast so was wie ein Vorort von Braunschweig.

Was hat uns Wolfenbüttel also zu bieten?

Genau: Den »Würger von Wolfenbüttel«, ein Sketch von Otto

Waalkes (»Hier ist der Würger von Wolfenbüttel!« – »Liebling, Besuch für dich!«).

Des weiteren: Wilhelm Busch, der dort einen Bruder hatte, den er manchmal besuchte, um sich weit entfernt von der Heimat dem enthemmten Alkoholkonsum hinzugeben. Apropos Alkohol. Da gibt's ja noch den Jägermeister. Sonst noch was? Ja, richtig. Mit der Aviso, der zweitältesten deutschsprachigen Zeitung überhaupt, war Wolfenbüttel medienmäßig schon ganz früh absolutely up to date.

Das kann man von Peine – um mal das Thema zu wechseln – nicht behaupten. Hier war man noch nie auf der Höhe der Zeit. Fragen Sie Oliver Kalkofe, der hat dort seine Kindheit verbracht. Die Hauptattraktionen sind auch heute noch der Peiner Autofrühling, das Peiner Freischießen und die Eisdiele in der Ortsmitte. Lyrisch ausgedrückt hat dies Friedrich Bodenstedt, das größte Kind der Stadt, nach Kalkofe natürlich:

> »Bequem ist, was man nahe hat,
> So sagt ein alter Spruch – doch meine
> Ich, dieser Spruch paßt nicht auf Peine.
> Wem schiefe Häuser, krumme Gassen,
> Moorbaden, Schmutz nicht angenehmer
> Als Andern, denen And'res frommt,
> Der darf sich hier nicht blicken lassen,
> Und sicher wird es ihm bequemer
> Je weiter er von Peine kommt.«

Wer Peine sagt, muss auch Salzgitter erwähnen, man weiß bloß nicht, weshalb. Außer mit einem Hinweis auf die dort angesiedelten monströsen Industrieanlagen (zu Zeiten der Gründung derselben als »Hermann-Göring-Werke« bezeichnet) – womit wir auch schon bei Wolfsburg wären, der »Stadt des KdF-Wagens«, heute bekannt als »Golfsburg«. Diese Stadt ist neureich und altklug, sie hat ein Kunstmuseum und das Phaeno, und als kulinarische Höchstleistung gilt die VW-Currywurst, die es inzwischen auch in den Supermärkten in der Region käuflich zu erwerben gibt, damit dem autobauenden Menschen dieser Stadt das Werk auch in der Freizeit schwer im Magen liegt. Und dass ausgerechnet die Industrial-Popper von

Gegenüber:
Schwarz, schwarz, schwarz sind alle meine Kleider,
Schwarz, schwarz, schwarz ist alles, was ich hab.

»Oomph!« hier ihre Wurzeln haben, ist sicherlich kein Zufall – industrielle Klänge für industrielle Menschen eben.

Bleibt uns nur noch, Helmstedt (hatte mal eine Universität) und Goslar (war mal Reichsbauernstadt und führend bei den Hexenverfolgungen) zu erwähnen. Was hiermit geschehen ist.

Schaut man sich die Nachbarorte an, weiß man, warum es besser ist, in Braunschweig zu wohnen. »Wir werden jetzt nach Braunschweig ziehen«, sagte eine Lottogewinnerin aus Gifhorn vor einigen Jahren der Braunschweiger Zeitung, »das Kulturangebot ist dort besser.« So sind sie, die Bewohner der Lüneburger Heide. Kaum haben sie Geld wie Sand am Meer, verlassen sie ihren übergroßen Sandkasten und ziehen an den Okerstrand.

Tipp: Absolut empfehlenswert ist ein Besuch der Nachbarstadt Wolfsburg. Hier werden Sie in eine andere Welt gebeamt. Wenn Sie dann von den Planeten Phaeno, Autostadt, Kunstmuseum und Porschestraße wieder auf unsere gute alte Erde zurückkehren, werden Sie die hier herrschende Beschaulichkeit zu genießen wissen – bis zum nächsten Trip in eine Science Fiction-Welt.

Freundschaft!

Doch neben den Nachbarstädten gibt es auch noch andere Orte, die besondere Beziehungen zu Braunschweig pflegen. Da ist zum einen die Stadt Kasan (die Hauptstadt der Republik Tatarstan in Russland), mit der es seit 1988 einen Freundschaftsvertrag gibt, zu der es aber schon lange vorher fruchtbare Verbindungen gab. So wurden hier in der Zeit der Weimarer Republik und während des Dritten Reiches »Leicht- und Großtraktoren« erprobt. Diese waren gepanzert, hatten kleine Geschütze und dienten der Ausbildung von deutschen Soldaten. Eigentlich war es der deutschen Armee durch den Versailler Vertrag nämlich verboten worden, schwere Waffen zu besitzen.

Mag sein, dass es geostrategische Gründe gab, auch mit Omaha im US-Staat Nebraska einen Freundschaftsvertrag abzuschließen. Man weiß ja nie, mit wem man im nächsten Jahr verbündet ist.

Außerdem gibt es noch die sogenannten Partnerstädte. Und wenn es stimmt, dass sich Eheleute vom Aussehen her im Laufe der Zeit angleichen, dann ist doch auch zu fragen, wie Braunschweig in einigen Jahrzehnten ausschauen wird. Oder hat da schon eine Anpassung stattgefunden?

Konkret gefragt: Wenn Bandung in Indonesien das Paris von Java ist (so wird die Stadt zumindest in ihrer Eigenwerbung genannt), ist dann Braunschweig das Paris Niedersachsens oder das Bandung Norddeutschlands?

Oder ist es nicht vielmehr so, dass sich von vornherein Städte zusammenfinden, die einiges gemeinsam haben? Nach dem Motto: Gleich und Gleich gesellt sich gern? Das würde in Bezug auf die englische Stadt Bath sicherlich Sinn machen. Auch hier gibt es gerne mal exzessive Herbststürme, Überschwemmungen und einen stets bedeckten Himmel. Außerdem musste die Stadt doch sehr unter den Bombenangriffen im 2. Weltkrieg leiden – damit hat auch Braunschweig einige leidige Erfahrungen gemacht.

Aber warum wurde dann auch Nîmes, eine schöne kleine Stadt im sonnigen Süden Frankreichs, zur Partnerstadt erklärt? Vielleicht damit ab und zu deutsche Delegationen dort hin reisen können, um sich ein paar schöne Tage und einen Abstecher an das nahe Mittelmeer zu machen?

Auch bei Sousse, der viertgrößten Stadt Tunesiens, ist mir nicht ganz klar, was sie dazu prädestiniert, Partnerstadt Braunschweigs zu sein, aber auch hier mögen touristische Gründe ausschlaggebend gewesen sein.

Die Verbindung zu Kiryat Tivon in Israel ist dagegen eindeutig. Ihre Bevölkerung setzt sich zu einem nicht geringen Teil aus Einwanderern (nun ja: Flüchtlingen) aus Deutschland und deren Nachkommen zusammen.

Die jüngste Städtepartnerschaft besteht mit der chinesischen Stadt Zhuhai (seit 2011). Über sie ist kaum etwas bekannt – bis 1979 war das Fischerdorf noch nicht einmal auf Landkarten verzeichnet. Mittlerweile leben hier allerdings fast 1,5 Millionen Menschen! Die Tatsache, dass Zhuhai laut Wikipedia als »sehr sauber« gilt (Vorbildfunktion!), dürfte jedoch der ausschlaggebende Grund dafür gewesen sein, diese Partnerschaft einzugehen.

Eine Städtepartnerschaft Braunschweigs liegt auch mit Magdeburg vor – eine Stadt, deren Fußballfans bekanntlich sorgsam ihre Feindschaft mit den Anhängern von Hannover 96 pflegen, was sie quasi automatisch zu Verbündeten Braunschweigs macht. Außerdem kann sich die traditionelle Magdeburger Küche rühmen, für moderne Menschen, die mit Pizza und Pasta aufgewachsen sind, noch exotischer zu sein als die braunschweigische. Als Spezialitäten gelten hier Bötel (Eisbein), Gehacktesstippe (eine Art Eintopfsauce) und Pottsuse (ein Brotaufstrich aus Schweinefleisch und Schmalz).

Da ist man fast versucht, die Braunschweiger Brägenwurst mit Pinkel zu loben.

Tipp: Wie wäre es denn mal mit einem Besuch in einer der Partnerstädte Braunschweigs? Mein persönlicher Fave wäre ja Nîmes, aber ich kann mir gut vorstellen, dass auch die anderen Städte sicherlich nicht unsehenswert sind.

Nach dem Verzehr japanischer Touristen ist man immer so müde.

Länderspiele

In diesem Buch wird fälschlicherweise nicht selten der Eindruck erweckt, dass Braunschweig ein homogener Block sei. Dass diese Stadt jedoch mitnichten monolithisch ist, zeigt schon eine recht oberflächliche Analyse des Wahlverhaltens Braunschweiger Bürger.

Hier zeigt sich, dass der Braunschweiger eben nicht der Braunschweiger ist, sondern sich die Spezies des Schunteraners deutlich von der des Zuckerbergbewohners unterscheidet. In dem einen Stadtbezirk sind die Grünen führend, in allen anderen die CDU. In einigen wenigen sogar Splitterparteien wie die SPD. Auch die Linken und die Liberalen haben natürlich ihre Hochburgen und -bürgchen.

Läge es da nicht nahe, endlich einen Schlussstrich unter die gemeinsame Geschichte bzw. eine Grenze zwischen die einzelnen Stadtbezirke zu ziehen?

Wie wäre es – angesichts der Linken-Stärke in manchen Wahllokalen im Westlichen Ringgebiet – mit einer »Sozialistischen Räterepublik Arbeitsamt«? Oder einem »Freistaat Zuckerberg« nach dem Vorbild Bayerns inkl. Abschaffung des Demonstrations- und anderer lästiger Grundrechte? Oder einer Landkommune in der Schunteraue? Ökologisch-biologisch-dynamisch mit automatischer freiwilliger Mitgliedschaft in Foodcoop und Elterninitiative und striktem Verbot aller Fahrzeuge außer Fahrrädern mit Hänger und Pferdefuhrwerken?

Ja, warum eigentlich nicht?

Selbstverständlich wären im Zuge dessen eine kleine ethnische bzw. kulturelle Säuberung bzw. eine kommunal geförderte Umzugshilfe nötig.

Die paar CDU-Wähler im Kernbereich der Schuntersiedlung könnte man doch bequem um die Ecke bringen bzw. in Querum ansiedeln oder man lässt ihnen ein hübsches kleines Reservat im Syltweg. Im Gegenzug müsste man die Grünen-Wähler natürlich dort herausholen und in den freigewordenen Wohnungen in der Wilhelmshavener oder in der Simonstraße ansiedeln.

Nun könnten natürlich die überlebenden ... Entschuldigung ... die umgesiedelten CDU-Wähler in der neuen Heimat auf die Idee kommen, Regressforderungen zu stellen, aber das ließe sich ja vielleicht mit einigen erzieherischen Maßnahmen, also dem Beschuss ihrer neuen Behausungen mit biologischen und biologisch abbaubaren Waffen, vermeiden. Nicht vergessen: Die Schunteraue ist schließlich eine ökologische Landkommune.

Oder der Syltweg strebt den Anschluss ans christdemokratische Querum an. Da könnte man sich auch drauf einlassen, aber der Zufahrtsweg Helgolandstraße bleibt natürlich bis auf weiteres aus Gründen des Landschaftsschutzes geschlossen und eine Luftbrücke gibt's auch nicht, denn Überflüge sind ja verboten, s. Artikel 2 des Grundgesetzes der Ökologischen Landkommune Schunteraue.

Nach ein paar Jahren können die Schunteraner dann mal gucken, was von den Syltern noch übrig geblieben ist und danach die Wiedervereinigung mit den nunmehr unbewohnten Gebieten in die Wege leiten.

Wenn die Schunteraue bis dahin noch nicht vom Freistaat Querum geschluckt worden ist.

Tipp: Tipp: Die schönsten Feste sind die, an denen niemand etwas verdient. Besonders empfehlenswert ist die Veranstaltungsreihe »Silverclub«, die an verschiedenen Orten stattfindet, die oftmals für die lokale Sub- und Popkultur eine bedeutende Rolle gespielt haben. Wenn Sie davon in der Zeitung lesen: Gehen Sie hin und betrinken Sie sich für einen guten Zweck!

Von Lagerfeuern
und Minenfeldern

Braunschweig hat viele Brücken. Es hat ja auch viel Wasser. Es ist daher auch nicht auf Sand gebaut, sondern auf Schlamm. Und der Bohlweg heißt bekanntlich Bohlweg, weil hier früher Bohlen lagen, auf denen man halbwegs trockenen Fußes den dort ansässigen Pizzabäcker erreichen konnte. Heutzutage scheint das Wasser weitgehend abgelaufen zu sein. Nur an starken Regentagen bilden sich große Pfützen allüberall in der Stadt – nicht nur auf dem Bohlweg. Man kann die Regel aufstellen: Je tiefer ein Stadtteil liegt, desto höher sind die Pfützen.

Eine Zeitlang habe ich in der Jahnstraße gewohnt. Hier hatten wir nie Pfützen. Von unseren hochgelegenen Wohnungen aus blickten wir auf das unter uns liegende bzw. untergehende Braunschweig herab und freuten uns. Im Winter war die Freude kleiner, denn da froren manchmal die Wasserleitungen ein, weil beim Bau unserer Wohnhäuser grundlos optimistisch auf jegliche Wärmedämmung verzichtet worden war und wir bloß Ofenheizungen hatten. Wir machten das Beste daraus und lernten bei der Gelegenheit unsere Nachbarn kennen, um uns Wasser zu borgen bzw. zu verleihen, je nachdem welche Wohnung temperaturmäßig gerade nicht einem sibirischen Arbeitslager glich. Oder besser gesagt: einem sibirischen Arbeitslosenlager, denn der typische Jahnstraßenbewohner zeichnete sich durch eine kritische Haltung gegenüber dem ortsüblichen protestantischen Arbeitsethos aus. Angesehene Angehörige der Jahnstraßengemeinschaft waren arbeitslos oder studierten (oder waren zumindest »eingeschrieben«) und gehörten einer Subkultur an. Es gab hier daher viele Punks, HbK-Studenten und Hundehalter.

Die Hundehalter gingen mit ihren befellten Freunden gerne Gassi. Meistens bis zum Kiosk (am Monatsanfang) oder bis zum Penny-Markt (am Monatsende), um Bier zu kaufen. Auf der Hundewiese vor der Tangente ließen sie ihre Tiere ihr Geschäft verrichten. Weil es so viele Hunde gab, die hier ihr Geschäft verrichteten, traute sich niemand anderer mehr, diese Wiese zu betreten. Die Hundewiese war ein Minenfeld.

Bei sommerlichen Trinkgelagen auf den Hinterhöfen vertieften wir unsere durch den winterlichen Notstand entstandene Freundschaft. Manchmal luden sich auch andere Menschen zu unseren Feierlichkeiten ein. Zum Beispiel Polizisten. Weil es ihnen so gut bei uns gefiel, kamen oft ganz viele. Bis zu vier Streifenwagen. Aber sie kannten unsere Gepflogenheiten nicht so gut und fielen gleich unangenehm auf, indem sie verlangten, dass wir die Musik leiser machen sollten. Uneingeladen auf Partys gehen und dann noch Forderungen stellen, das hatten wir gern! Deshalb baten wir sie meistens, gleich wieder zu gehen. Oft waren sie aber hartnäckig. Anschließend drehten wir die Anlage runter, bis sie endlich wieder weg waren. Dann machten wir sie wieder lauter, denn jeder sollte unsere tolle Musik hören.

Ab und an machten wir auch schöne Lagerfeuer, denn wir waren sehr romantisch. Ich kann mich noch daran erinnern, dass wir einmal in Mondscheinstimmung Sperrmüll-Möbel darauf geworfen hatten. Eigentlich fing es ja ganz harmlos mit einigen herumliegenden Holzlatten an. Es folgten kleine Stühle. Und Tische. Und Matratzen. Und Bettgestelle. Und Schränke. Als dann einige Leute begannen, eines der zahllosen hier friedlich verwahrlosenden Autos auf das Feuer zu tragen, dachte ich mir, dass es Zeit sei, zu gehen.

Wenig später gab es einen lauten Knall und eine sehr schöne Stichflamme, denn der Benzintank war wohl noch nicht ganz leer gewesen.

Schließlich kamen auch die Polizisten wieder und sagten, dass sie die Party doof fänden. Aber es war schon niemand mehr da.

In der Jahnstraße wusste man eben, wann Schluss ist.

Tipp: Momentan ist geplant, den ohnehin schon hohen HbK-Studentenanteil in der Jahnstraße noch weiter zu erhöhen, um aus diesem Kiez eine Künstlerkolonie zu machen. Besuchen Sie bei Gelegenheit doch einmal dieses wunderbare Biotop, z.B. wenn hier mal wieder öffentliche Kunstausstellungen stattfinden. Es lohnt sich!

Wie ich mal ein
Hausbesetzer war

Hinter der Oberfläche jeder Stadt liegen noch tausend andere Städte verborgen, denn jeder Mensch hat andere Dinge erlebt, andere Orte besucht und die Zeit mit anderen Leuten verbracht. Keine dieser Städte gleicht der anderen, es gibt bloß Überschneidungen.

Im Kleinen Haus des Staatstheaters sehen die meisten Menschen z.B. bloß das Kleine Haus des Staatstheaters. Andere erinnern sich vielleicht noch an das Haus, wie es vor dem Umbau aussah.

So auch ich.

Als ich 1991 nach Braunschweig gezogen bin, habe ich nur eines bedauert: dass ich zwei Jahre zu spät gekommen bin. Bis dahin gab es nämlich noch besetzte Häuser in Braunschweig. Das faszinierte mich. Hausbesetzungen: Das hatte so etwas Rebellisches und Piratenhaftes. Meine Versuche, ebenfalls Hausbesetzer zu werden, waren allerdings nur bedingt von Erfolg gekrönt.

Versuch Nr. 1: Wir schreiben das Jahr 1992. Über Flugblätter, die im Braunschweig-Kolleg auslegen, erfahre ich, dass ein Haus am Magnitorwall besetzt worden ist. Nach Schulschluss – auch angehende Hausbesetzer haben Pflichten – eile ich dorthin. Das Haus ist verdächtig ruhig. Es scheinen sehr leise Besetzer zu sein. Vielleicht sind es heimliche Besetzer. Dann muss ich wohl mal nachgucken. Gut, dass die Haustür offen steht. Es scheint ein besetztes Haus der offenen Tür zu sein. Im Erdgeschoss treffe ich niemanden an. Im 1. Stock auch nicht. Erst im 2. werde ich fündig. Der uniformierte Polizist sagt zu mir: »Wenn du nicht gleich weg bist, nehmen wir dich mit.« Ich komme dieser freundlichen Aufforderung umgehend nach und verlasse rasch das Haus. Niemand erschießt mich auf der Flucht.

Versuch Nr. 2: Wenige Monate später. Diesmal erfahre ich schon im Vorfeld von der anstehenden Hausbesetzung. Pünktlich – auch Hausbesetzer können Uhren lesen – bin ich da. Das Haus steht schon offen, doch die bunthaarigen und schwarzgekleideten jungen

Leute drängen sich vor der Tür zusammen. »Wir werden sowieso geräumt, und wenn man drinnen ist, kommt man nicht mehr weg«, erklärt man mir. Ein Transparent hängt trotzdem draußen, das Wetter ist schön, und viele Schaulustige sind gekommen. Irgendwann kommen auch wieder uniformierte Polizisten. Wir Hausbesetzer klumpen uns vor dem Hauseingang zusammen und lassen uns von den Uniformierten wegdrängen.

»Haut ab! Haut ab!«, rufen wir, aber nicht sie gehen, sondern wir.

Es war trotzdem ein schöner Tag.

Versuch Nr. 3: Wieder einige Monate später. Eine weitere Hausbesetzung steht an. Diesmal in der Eisenbütteler Straße am Messegelände. Das Haus ist groß und leer, ideal für uns zum Wohnen und für ein Kulturzentrum.

Wieder kommt die Polizei, wieder werden wir geräumt. Noch in der darauffolgenden Nacht wird das Haus abgerissen und – im wortwörtlichen Sinne – dem Erdboden gleichgemacht.

Versuch Nr. 4: Sommer 1993. Diesmal geht es ums Ganze. Ein Haus in der Frankfurter Straße ist das Ziel unserer Begierden. Wir sind gut vorbereitet, sogar das Telefon funktioniert noch. Wohlwollende Lokalpolitiker, Vertreter der Presse und sympathisierende Künstler und Musiker sind mit vor Ort. Die Polizei räumt nicht, denn wir gehen freiwillig, da die Stadt zugesagt hat, mit uns über ein Kulturprojekt zu verhandeln.

Nur sechs Jahre später ist es soweit: Verträge über die Nutzung des Hauses werden unterschrieben, das Haus ist inzwischen vollkommen heruntergekommen und muss komplett saniert werden. Weitere sechs Jahre später wird es eingeweiht. Das Nexus ist geboren!

So wurde ich doch noch ein erfolgreicher Hausbesetzer.
Wenn auch mit großer Zeitverzögerung.

Tipp: Besuchen Sie doch einmal das Nexus – einer der originellsten Veranstaltungsorte der Stadt mit den besten Konzerten zu anständigen Preisen.

Tierisch viel los
im Prinzenpark

Die Fauna Braunschweigs ist vielfältig. Fast möchte ich kalauern: Hier ist tierisch viel los.

Kaninchen und Eichhörnchen, Hunde und Studenten tummeln sich in den Naherholungs- und Landschaftsschutzgebieten der Stadt. Aus Esoterik-Kreisen wurde sogar kolportiert, dass auch Feen und Elfen hier ihr kärgliches Dasein am Rande des Existenzminimums und der Stadt fristen, wo die Metropole in das flache Land über- bzw. untergeht.

Es ist auch immer wieder faszinierend, Gattungen wie die Jogger und Walker, die Zebras des norddeutschen Flachlandes, zu beobachten, wie sie gazellenschnell auf der Flucht sind vor den Königen der hiesigen Tierwelt: den unangeleinten Hunden. Atemberaubend ist es, wenn sich diese kraftstrotzenden Pinscher in die trainierten Waden der flinken Läufer verbeißen, sie zu Fall bringen und geschickt und fast spielerisch die Kehle durchbeißen.

»Sie wollen doch nur spielen«, sind dann auch die letzten Worte, die die Freizeitsportler zu hören bekommen.

Tipp: Typische Vertreter der norddeutschen Tierwelt, z.B. Tiger, Affen und Hängebauchschweine, sind auch im Arche Noah-Zoo und im Tierpark Essehof zu finden. Zu letzterem führt übrigens ein sehr schöner Fahrradweg, dessen Beradelung ich jedem Velocipedisten nahelegen möchte.

Noch mehr Raubkatzen.

Vorsicht ist besser
als Nachsicht

Der Braunschweiger tendiert dazu, positiven Gefühlsempfindungen durch übermäßigen Lärm Ausdruck zu verleihen. Allerdings nicht nur: Auch wenn er schlechte Laune hat, also *grallig* ist, kann es sein, dass er – plötzlich und ohne einen erkennbaren äußeren Anlass – aus seinem norddeutschen Brüten erwacht und anfängt, zu brüllen und zu wüten. Doch auf Regen folgt Sonnenschein oder das, was man hierzulande für gutes Wetter hält und alsbald widmet er sich wieder seinem gleichmütigen Grübeln.

Für Außenstehende ist es also nicht immer einfach, die Gefühlsregungen des gebürtigen Braunschweigers richtig zu interpretieren. Liebe und Hass, Krieg und Frieden, Yin und Yang – für den Braunschweiger als solchen sind dies nicht *zwei* Seiten einer Medaille, sondern nichts weiter als *ein* Haufen geklumpten Edelmetalls. Wenn er selbst schon nicht in der Lage ist, zu differenzieren – wieviel schwieriger ist es für andere, ihn korrekt einzuschätzen?

»Alte Scheiße, was machst du denn hier?!«, kann z.B. eine durchaus freundlich gemeinte Begrüßung sein. Die sieben Wörtchen könnten allerdings auch die Kampfansage eines polizeilich gesuchten Gewalttäters sein, bevor er ausholt und bei seinem harmlosen Gegenüber die Lichter ausgehen lässt. Deshalb sollten Sie also keinesfalls jedem Eingeborenen, der Ihnen dieses Sätzchen zuruft, um den ungewaschenen Hals fallen.

Die raue Schale des Braunschweigers lässt auch durchaus auf einen harten Kern schließen. Gewalt ist eine Lösung, war schon immer die Devise der Bewohner Ostfalens – mit einer anderen Einstellung hätten sie diese lebensfeindliche Landschaft auch gar nicht besiedeln können, sondern wären gleich in freundlichere Gefilde weitergezogen, z.B. an den Nordpol oder in die südliche Vorhölle.

Nun ist es aber manchmal so, dass man nicht umhin kommt, länger in dieser Stadt zu verweilen – dann sollte man schon wissen, wie man sich der hier lebenden Spezies nähern kann, ohne in allzu große Gefahr zu geraten.

Beherzigen Sie deshalb bitte die folgenden drei Verhaltensvorschläge:

1. Seien Sie vorsichtig. Versuchen Sie zwischen einem herzlichen Lächeln und einem hässlichen Zähnefletschen zu unterscheiden. In beiden Fällen werden die Zähne gezeigt, und über das Aussehen des typischen Braunschweigers sprachen wir ja schon, aber versuchen Sie auch auf scheinbar unwichtige Details zu achten: Hält er Gegenstände in der Hand, die zum Schlagen, Stechen, Schießen oder sonst wie geartetem Totmachen geeignet sind? Sind seine Anziehsachen blutverschmiert? Liegen schon Leichen zu seinen Füßen? Kleiner Tipp: Wenn er einen Baseballschläger in der Hand hält, fragen Sie ihn, ob er bei den 89ers spielt. Wenn ja, ließe sich vermuten, dass es sich dabei tatsächlich um ein Sportgerät handelt. Wenn nicht: Nichts wie weg.

2. Seien Sie vorsichtig. Auch wenn der Braunschweiger erst einmal einen ganz freundlichen Gesichtsausdruck zeigt, kann es durchaus sein, dass die Stimmung schnell kippt. Zum Beispiel, wenn Sie im Verlaufe des Gesprächs verlauten lassen, dass Sie aus Hannover kommen. Oder dort schon mal waren. Oder wenn Sie überhaupt den Namen dieser Stadt, die nicht genannt werden darf, in den Mund nehmen.

3. Seien Sie vorsichtig. Nichts sagen, nur das ist sicher. Tun Sie einfach so, als ob Sie dumpf vor sich hin brüten würden. Dann hält er Sie für seinesgleichen und wird Sie so freundlich behandeln, wie es ihm möglich ist – und Sie ignorieren. Darüber sollten Sie froh sein, denn schlimmer als von einem Braunschweiger angeschwiegen zu werden, ist es, sich mit ihm unterhalten zu müssen. Die Themen, die der typische Braunschweiger zu Konversationszwecken benutzt, sind sowieso recht eingeschränkt. Sie lauten: Warum Hannover scheiße ist, warum der Spargel in diesem Jahr zu viel kostet und warum die Eintracht schon wieder auf einem Abstiegsplatz steht. Wollen Sie das alles wirklich hören? Na also!

Aber ich möchte doch noch einmal auf das eigentliche Sujet dieses Kapitels zurückkommen: auf den Lärm.

Der Braunschweiger lärmt oft und gern und bei jeder Gelegenheit. Schießt die Eintracht ein Tor: unbändiger Jubel. Schießt sie noch ein Tor: grenzenloser Jubel. Schießt sie noch ein Tor: ungläubiges Murmeln. Schießt sie noch ein Tor: »Schiebung, Schiebung«-Rufe aus der Südkurve. Denn der Braunschweiger ist ein ehrlicher Mensch. Er verliert lieber ohne zu mogeln, als unverdient zu gewinnen. Der Bundesliga-Skandal 1970/71 lief deshalb hier auch etwas anders ab als bei den anderen beteiligten Vereinen. Die Spieler bekamen ihr Geld nämlich dafür, dass sie ausnahmsweise mal gewinnen (um auf diese Weise Bielefeld den Klassenerhalt zu ermöglichen). Sie schafften zwar nur ein 1:1 gegen Oberhausen, bekamen aber trotzdem ihr Geld. Man hat halt getan, was man konnte! Der ganze Schwindel flog natürlich auf, und die bestochenen Fußballer mussten eine Strafe zahlen, die allerdings aufgrund dessen, dass es ja eigentlich nur eine illegale Provision war, auch nicht ganz so hoch ausfiel.

Die größte Krachmachaktion ist der schon erwähnte Karnevalsumzug. Er ist der größte Nord- und der drittgrößte Gesamtdeutschlands, wie immer und immer wieder betont wird. Nun ist der Okerufersiedler eben kein Rheinländer, und so verwundert es vielleicht auch nicht, dass er von dessen gnadenlos fröhlicher Ekstase weit entfernt ist. Vielmehr guckt er genauso muffelig wie sonst auch, verdeckt jedoch einen Großteil seines Gesichtes durch eine rote Nase. Bei näherem Betrachten fällt auf, dass sie gar nicht aus Plastik ist, sondern aus Fleisch und Blut und Bier. Dann wirft er Konfetti und brüllt: »Brunswiek helau, du alte Scheiße!«

So gelassen und heiter kann das Leben in Braunschweig sein.

Tipp: Nutzen Sie das Karnevalswochenende für einen kleinen Ausflug. Wohin ist egal, wichtig ist bloß, dass Sie die Stadt Braunschweig verlassen und auf Ihrer Flucht die Innenstadt weiträumig umfahren.

Der Entdecker Lessings schillert durch die Büsche.

Es gibt tausend gute Gründe, auf diese Stadt stolz zu sein

Es gibt genügend Defätisten und Vaterlandsverräter, die nicht ablassen können davon, ihren Schmutz und Unrat über unsere wunderschöne Heimatstadt zu gießen, um anschließend mit dem Zeigefinger genau in diesem Abfall herumzurühren und krakeelend durch die Straßen zu rennen und zu rufen: »Ich habe die Mülltonne umgekippt – Alba ist schuld!« Deswegen wollen wir hier mal einen anderen Weg gehen, uns genüsslich zurücklehnen und die Wunder Braunschweigs bestaunen. Kommen wir also zu den fünf Dingen, die an Braunschweig zu lieben wir uns alle nicht zu schade sein sollten:

5. Die Landschaft
Man kann sich gut vorstellen, wie es damals gewesen ist, als herumrackernde Urmenschenhorden auf der Suche nach dem Heiligen Land ausgerechnet zwischen Harz und Heide fündig wurden. Hier war es angenehm kühl, der Boden schön feucht, und ab und zu trat die Oker über die besandstrandeten Ufer und verwandelte die gesamte Umgebung in eine partytaugliche Badelandschaft. Die überreichlich vorhandenen Sümpfe boten zudem den Vorteil, lästige Ehefrauen und/oder Nebenbuhler in eben diesen versenken zu können. So ist es kein Wunder, dass man es sich nicht nehmen ließ, hier die Bierzelte aufzuschlagen und ein niedersächsisches Oberzentrum zu gründen.

4. Die Vorgeschichte
Schon im 18. Jahrhundert v. Chr. errichtete man hier die erste Hochkultur auf europäischem Boden, die »Südostniedersächsische Reetdachperiode« (SNSRP). Fantastische Erfindungen wurden damals gemacht: z.B. das Knopfloch, ein ökologisches Abfallbeseitigungssystem (aka Plumpsklo) und der erste funktionsfähige Warentrenner der Menschheitsgeschichte. Alles Braunschweiger Kulturleistungen! Der »Große Braunkohlkrieg« gut tausend Jahre später endete dann auch mit einem überwältigenden Sieg über das verfeindete Hanno-

ver. Im Eifer der Triumphfeierlichkeiten und durch den übermäßigen Genuss von Kräuter- und Getreidegetränken vergaß man allerdings all diese Errungenschaften, Erfindungen und Entdeckungen wieder. Die nachfolgende Ära der Regression (bekannt als »Allgemeine Verblödung«) hält bis heute an. Bedeutende Wissenschaftler bedauern dies nachhaltig. Dr.h.c. Pudel: »Die Welt sähe heute anders aus, würde es die SNSRP noch geben. Alkoholismus, Drogensucht, Bulimie und H-Milchunverträglichkeit – all das gab es damals schon! Wahnsinn!« Des Pudels Kern ist also die zwar gänzlich unbewiesene, aber umso glaubwürdigere Erkenntnis, dass nicht Athen die Wiege Europas ist, sondern Braunschweig, das rückenfreundliche und kuschelaktive Tragetuch der Menschheit.

3. Die kulinarischen Köstlichkeiten
Das feinsinnige, sensible Wesen des typischen Braunschweigers ist an seinem erlesenen Geschmack zu erkennen. Ein typisches Gericht ist der beliebte Braunschweiger Braunkohl, der bevorzugt mit Brägenwurst kredenzt wird. Dazu wird traditionellerweise Bier getrunken. Beliebt ist auch die Braunschweiger Wurst, die es zu Weltruhm gebracht hat und auch in Finnland und den USA serviert wird. Bier passt geschmacklich dazu übrigens außerordentlich gut. Ebenfalls zu empfehlen ist der ungemein leckere weiße Spargel, der in den meisten Fällen mit Schnitzel, Schinken, Räucherlachs und/oder Bier genossen wird. Die berühmte Braunschweiger Mumme wird dagegen nur in Maßen getrunken, weil sie keinen Alkohol mehr enthält.

2. Die Sprache
An der Sprache ist sofort jede Hochkultur zweifelsfrei zu erkennen. Das Römische Reich wäre schließlich undenkbar ohne die Weltsprache Latein, deren innere Logik und äußere Gefälligkeit noch immer vorbildlich sind, so dass sie auch heute noch Millionen von Schülern auf dem ganzen Erdenrund zu begeistern vermag.

Nicht anders verhält es sich mit der hiesigen Mundart, die Braunschweigisch genannt wird, keinesfalls aber mit dem Brunswieker Platt verwechselt werden sollte, welches nur von Landeiern verwendet wird, die es nicht lassen können, mit ihrer Provinzialität hausieren zu gehen. Wer dagegen braunschweigert, also den hiesigen hochdeutschen Dialekt spricht, beweist seine Weltgewandtheit und die Fähigkeit, auch einfache Buchstaben undeutlich zu nuscheln. Die oben erwähnte Wurst wird so unweigerlich zur »Wuaorst«. Berühmt geworden ist diesbezüglich auch das sogenannte »Klare A«, dessen Aussprache zwischen a, ä, o und ö changiert. Die Diphthonge »ei« und »au« werden z.B. durch dieses lang gesprochene »A« ersetzt. Beispiel: »Das ist kaane Klaanigkaat: Braanschwaager kaafen Aaer von Maaeraa Maaer. Faan!« Übersetzung: »Das ist keine Kleinigkeit: Braunschweiger kaufen Eier von Meierei Meier. Fein!« Äußerst beliebt bei Jung und Alt ist auch das »Spitze S«, bekannt aus »Stolpere nicht über den spitzen Stein« ...Verzeihung... »Staan«, denn »Verbindungsstudentenstaaße stapeln sich besoffen in den Straßen, Gassen und Gossen dieser Stadt, schaaße.« Übersetzung: »Angehende Wirtschaftsingenieure liegen lernend auf den Rasen in den Parks der Stadt. Wie schön.« Eine weitere Besonderheit ist, dass der Buchstabe »r« in vielen Fällen zum »ch« wird. Beispiel: »Kucht kocht aane Laache: Mocht? Naan: Spocht!« Übersetzung: »Kurt kocht eine Leiche: Mord? Nein: Sport!« Selbstverständlich gibt es – wie in jedem anderen anständigen Dialekt – auch einen ganz eigenen Wortschatz. Als Beispiel ein Satz, der eine typische Szene aus dem Braunschweiger Karneval beschreibt: »Detsche Dölmer prokeln an peekigen Bollchen herum, während Piesepampel Beete verteilen, weil ihr Brägen verschütt gegangen ist. Bis denne!« Übersetzung: »Blöde Trottel fummeln an dreckigen Bonbons herum, während unangenehme Zeitgenossen Strafzettel verteilen, weil sie ihr Gehirn verloren haben. Bis zum nächsten Jahr dann!«

Und über die Tatsache, dass es in Braunschweig mit »peekig« bzw. dem Substantiv »Peek« ein eigenes Wort für etwas gibt, was man als extrem schmierig, widerlich und abstoßend ansehen kann, sollte man mal in aller Ruhe nachdenken. Womit wir auch schon beim nächsten Thema wären.

1. Eintracht Braunschweig
Die Eintracht gehört zu Braunschweig wie das Loch zum Eimer oder das Haar auf die Warze. Ohne unsere »Aantracht« wäre das Leben nicht lebenswert – *mit* diesem Verein allerdings auch nicht, denn die Fans haben viel Leid auszustehen. Der »Traditionsclub« befindet sich schließlich seit einigen Jahren in einem so souveränen wie todesmutigen Sturzflug, der einem manisch-depressiven japanischen

Kamikaze-Piloten zur Ehre gereichen würde. Dabei war die Eintracht vor gar nicht allzu langer Zeit, also vor mehr als 40 Jahren, sogar mal deutscher Fußballmeister. Bei dem Gedanken daran kriegen ihre Anhänger noch heute feuchte Höschen. Umso schlimmer ist die Tatsache, dass die Eintracht demnächst in der vierten Liga spielen wird, zusammen mit anderen Traditionsclubs wie »Blau-Blau Waggum«, »Braunes Bataillon Blankenburg«, »Betriebsmannschaft der Tischlerei Müller Nachf., Wendessen« und »Hannover 96, 4. Seniorenreserve«. Trotzdem können die Fußballfanatiker dieser Stadt mit Zuversicht in die Zukunft blicken, denn wenn dereinst die 3. Kreisliga Nordwest erreicht sein wird, darf davon ausgegangen werden, dass die Eintracht diese souverän anführen wird.

Bis zum nächsten Abstieg.[5]

Tipp: Wer Braunschweig wirklich kennenlernen möchte, sollte hierher ziehen. Er wird dann vielleicht verstehen, warum viele auch nicht wieder weggehen. Denn eines ist sicher: Braunschweig ist genau richtig, nicht zu groß und nicht zu klein ...

---

[5] In der Hoffnung, dass die Eintracht recht bald wieder absteigt, habe ich diesen Absatz bei der letzten Überarbeitung unverändert gelassen. Momentan sieht es zwar nicht so aus, als würde der Verein seine angestammte Position in den unteren Ligen wieder einnehmen, aber ich bin auch nicht bereit, meine Bücher ständig umzuschreiben, nur weil ein Herr Lieberknecht seine Arbeit ordentlich macht ...

Der Pilgerweg zur Kultstätte. Ich bin dann mal weg.

113

Quellen

Reinhard Bein: Erzählzeit. Berichte und Postkarten aus Stadt und Land Braunschweig 1933 – 1945, Döring Druck, Braunschweig 2002
Herbert Blume und Eberhard Rohse (Hg.): Literatur in Braunschweig zwischen Vormärz und Gründerzeit, Schriften der Literarischen Vereinigung Braunschweig Band 39, Braunschweig 1993
Ilona Büttenbender: Braunschweiger Theaterleben von 1690 bis heute, Johann Heinrich Meyer Verlag, Braunschweig 1988
Luitgard Camerer, Manfred R. W. Garzmann und Wolf-Dieter Schuegraf (Hg.): Braunschweiger Stadtlexikon, Johann. Heinrich Meyer Verlag, Braunschweig 1992
Georg Oswald Cott: Denkmäler, in: Karin Tantow-Jung (Hg.): Braunschweiger Lesebuch, edition kemenate, Braunschweig 2008
Manfred R. W. Garzmann und Wolf-Dieter Schuegraf (Hg.): Braunschweiger Stadtlexikon – Ergänzungsband, Johann. Heinrich Meyer Verlag, Braunschweig 1996
Generalintendanz des Staatstheaters Braunschweig (Hg.): 275 Jahre Theater in Braunschweig, Braunschweig 1965
Werner Fuld: Wilhelm Raabe – Eine Biographie, Carl Hanser Verlag, München Wien 1993
Renate Guddas (Hg.): Die Stadt Braunschweig in literarischen Zeugnissen, Stadtarchiv und Stadtbibliothek Braunschweig. Kleine Schriften, Braunschweig 1979
Kurt Hoffmeister: Fußball. Der Siegeszug begann in Braunschweig, Braunschweig 2004
Daniel Kehlmann: Der Lehrer, in: Karin Tantow-Jung (Hg.): Braunschweiger Lesebuch, edition kemenate, Braunschweig 2008
Gotthold Ephraim Lessing: Die Wolfenbütteler Jahre, Edition Braunschweiger Zeitung/Archiv Verlag, Braunschweig 2006
Walter Krämer/Eva Krämer (Hg.): Lexikon der Städtbeschimpfungen. Boshafte Berichte und Schmähungen von Aachen bis Zürich, Eichborn, Frankfurt am Main 2002
Hubert Mania: Carl Friedrich Gauß – eine Annäherung, in: Gunther Nickel (Hg.): Daniel Kehlmanns »Die Vermessung der Welt«, Rowohlt, Reinbek bei Hamburg 2008
Richard Moderhack (Hg.): Besucher im alten Braunschweig 1438-1913, Öffentliche Versicherung Braunschweig, Braunschweig 1992
Birgit Pollmann unter Mitarbeit von Annette Boldt-Stülzebach (Hg.): Schicht – Protest – Revolution in Braunschweig 1292 bis 1947/48, Braunschweiger Werkstücke. Veröffentlichungen aus dem Stadtarchiv und der Stadtbibliothek, Braunschweig 1995
Jürgen Roth / Rayk Wieland (Hg.): Öde Orte. Ausgesuchte Stadtkritiken von Aachen bis Zwickau, Reclam Verlag Leipzig, 1998
Dirk Sangmeister: August Lafontaine oder Die Vergänglichkeit des Erfolges, Max Niemeyer Verlag, Tübingen 1998
Eckhard Schimpf: 17 Jahre war ich grade. Klinterklaters Lieder mit Bildern und Geschichten, Braunschweiger Zeitungsverlag, Braunschweig 2001
Eckhard Schimpf: Klinterklater, Braunschweiger Zeitungsverlag, Braunschweig 1993
Eckhard Schimpf: Klinterklater II, Braunschweiger Zeitungsverlag, Braunschweig 1995
Günter K. P. Starke: Mensch, sei helle. Braunschweiger Originale, wer sie waren, und wie sie lebten, Joh. Heinr. Meyer Verlag, Braunschweig 1987
Siegfried H. Sichtermann (Hg.): Till Eulenspiegel. Vollständige Ausgabe des Textes von Hermann Bote, Insel Verlag, Frankfurt am Main 1978
Günther K. P. Starke: Braunschweiger Kinder, Joh. Heinr. Meyer Verlag, Braunschweig 1990
Günther K. P. Starke: Mensch, sei helle..., Joh. Heinr. Meyer Verlag, Braunschweig 1987

Des weiteren:
- diverse Artikel in der Braunschweiger Zeitung und in der neuen Braunschweiger
- zahllose Wikipedia-Beiträge

Antje Kämpfe

Axel Klingenberg lebt mit seiner Familie als freier Schriftsteller und Dozent für Kreatives Schreiben in Braunschweig. Er ist Mitglied des Rockliteratur-Ensembles »Read'em all«, Gründer der Lesebühne »Bumsdorfer Auslese«, Gastgeber der »The Punchliner Show« und Co-Herausgeber des satirischen Buchmagazins »The Punchliner«.

Aktuelle Veröffentlichungen:
Von der Kunst, ein Schriftsteller zu sein, Oktober Verlag, Münster 2010; *Keine Zukunft für immer - Das Punk-Lexikon*, Verlag Andreas Reiffer, Meine bei Braunschweig 2012

»Axel Klingenberg ist einer der agilsten Schreiber der regionalen Literaturszene und für seine Texte im Punchliner berüchtigt.«
neue braunschweiger

»Hier im Moloch Großstadt schutzlos den Wirren der Moderne ausgeliefert, erweist sich die ländliche Herkunft eindeutig als Vorteil. Ist der im Abseits stehende Landwirtschaftsgehilfe doch weitaus besser in der Lage, die Risse dieser Gesellschaft zu benennen, als viele seiner durch Crack- und Currywurstkonsum weichgekochten Mitbürger.« *Jan Off*

»Axel Klingenberg glänzte ganz hochkarätig mit Geschichten aus der S-Bahn und Familiendramen. (...) Einfach groß!«
Marry A. Müller

117

Edition Wissenwertes

Die Reihe der ungewöhnlichen Nachschlagewerke
im praktischen Hosentaschenformat

Stand 2012

Frank Bröker: Eishockey
Das Spiel, seine Regeln und ein Schuss übertriebene Härte
Herbst 2012, 96 S., 7,95, ISBN 978-3-934896-61-1

Till Burgwächter: Väter, Völker und Vandalen
Ein Parforce-Ritt durch die Geschichte der beliebtesten Volksstämme
Frühjahr 2012, 96 S., 7,95, ISBN 978-3-934896-68-0

Gerald Fricke: Dienstanweisung Internet
So funktionieren Aktenordner, Telefon, Facebook & Co
Herbst 2012, 96 S., 7,95, ISBN 978-3-934896-62-8

Axel Klingeberg: Keine Zukunft für immer
Das Punk-Lexikon
Frühjahr 2012, 96 S., 7,95, ISBN 978-3-934896-67-3

Frank Schäfer: Being Jimi Hendrix
Ein Essay zum 70. Geburtstags des Voodoogitarrenpriesters
Herbst 2012, 96 S., 7,95, ISBN 978-3-934896-63-5

reiffer   www.verlag-reiffer.de